高职院校思政课实践教学模式探索

王丽英　赵静怡◎著

中国民族文化出版社

·北京·

图书在版编目（CIP）数据

高职院校思政课实践教学模式探索 / 王丽英，赵静
怡著. — 北京：中国民族文化出版社有限公司，2020.7（2025.1重印）
　ISBN 978-7-5122-1380-7

　Ⅰ.①高… Ⅱ.①王… ②赵… Ⅲ.①高等职业教育
—思想政治教育—教学模式—研究—中国 Ⅳ.①G711

中国版本图书馆CIP数据核字（2020）第129860号

高职院校思政课实践教学模式探索

作　　者	王丽英　赵静怡	
责任编辑	李　健	
责任校对	江　泉	
出 版 者	中国民族文化出版社　　地址：北京市东城区和平里北街14号	
	邮编：100013　联系电话：010-84250639　64211754（传真）	
印　　装	三河市同力彩印有限公司	
开　　本	787mm×1092mm　16开	
印　　张	10.25	
字　　数	167千	
版　　次	2020年6月第1版　　2025年1月第2次印刷	
标准书号	ISBN 978-7-5122-1380-7	
定　　价	36.00元	

前　言

2018版《思想道德修养与法律基础》立足新时代、贯穿新思想，是帮助学生开启大学生活的第一门高校思想政治理论课。该课程在"大思政"背景下立足于思想政治教育的主渠道和主阵地，以培养大学生的思想道德素质和法治素养为主要目标，教学内容贴近大学生成长成才与生活实际需要，重点是引导大学生在思想政治理论学习与实践养成中逐步成长为中国特色社会主义的合格建设者和接班人。

《思想道德修养与法律基础》是启迪思想、触动心灵、提升智慧的课程。要使这门课程真正"贴近"大学生，并且"入耳、入脑、入心"，绝非易事。该课程的理论渊源是人类社会的发展规律、人的认识规律以及青年人的成长规律，而且三者交叉融合。更为现实的问题是，青年学生成长在一个政治多极化、文化多元化的开放时代，各种社会思潮交织，各种价值观念混杂，如何在多元的混乱中引导和培育青年学生坚守社会主义核心价值观？如何在多重的选择中警醒和扶助青年学生坚守社会主义法德的底线？"00后"大学生是新时代的幸运儿，他们有对美好生活的需要，道德、法治、和谐、创新、安全这些自然成为他们多种多样的矛盾困惑和成长烦恼的主题。"00后"大学生既有追求平等、自由、科学、理性的特质，也有对于传统思想观念灌输的天然的逆反性和批判性。那么，我们应该如何科学认识新时代大学生的成长规律及其认知规律？如何有效激发大学生学习《思想道德修养与法律基础》的积极性和热情？如何引导大学生在理论学习和实践教学过程中树立正确的人生观、世界观、价值观、道德观和法治观？只有破解和回答这些问题，才能真正地实现该课程教学改革与创新取得实质性成效。

在多年的教学实践中，我们发现教学要有效实现"往心里走"，首先要在理论知识等方面"往深里走"，把握好"深"与"浅"的辩证关系，否则很容易造成"一生动就无聊、一深刻就无趣"的局面。那么，找准每一章节的重难点，并契合学生成长之所需的主要疑难问题就显得尤为重要，然后据此进行整合提炼形成环环相扣、层层递进的问题链，引导大学生积极思考，回应教学的理论认知及理论逻辑的推演。其次，问题的选取顺应教材体系向教学体系的转化，更主要的是对应生活实际。2018版《思想道德修养与法律基础》的理论逻辑毋庸置疑，其从新时代对青年大学生的新要求切入，以人生选择——理想信念——精神状态——价值理念——道德觉悟——法治素养为基本线索逐次展开，对担当民族复兴大任的大学生思想道德素质和法治素养的要求进行分析探讨。任何一件事情的产生会涉及各种因素，事件的解决也会有道德或法律方面的多种方式的选择，因此也会引起不同的社会效果，引发不同的行为走向，那么按部就班按章节进行教学的常规模式难免割裂了对立统一规律。选取的教学主题同时满足知识的力量、真理的力量、逻辑的力量、情感的力量。通过对教材所涉内容基础理论和重大问题的深化研究以及对现实成长成才过程中最贴近学生生活实际的主要疑难问题的不断探究、整合与提炼，形成"深"、"浅"合宜、注重法德综合素质的教与学的问题链，从而支撑有效教学的理论能量，在深入浅出、融会贯通中，增强思想理论学习的感染力、吸引力和说服力。我们认为，从问题链入手，是破解思修课实效性的一把"金钥匙"。

在创新实践教学改革的过程中，不断凝练整合问题链，探索形成《思想道德修养与法律基础》"情浸式"实践教学模式，实践教学内容的设计围绕问题链，将理论与实践紧密结合，不断对青年学生进行强化教育引导与实践养成，教育和激励大学生成为有理想、有本领、有担当的时代新人。

在探索实践教学的过程中秉承以下基本原则：第一，坚持以学生为本的理念。马克思指出要实现人的自由而全面的发展，在实践教学的过程中要遵循人的全面发展的理念，让学生真正成为教学过程中的主体。第二，坚持学生的主体性原则。在教育教学的过程中，充分尊重学生主体性的现实需要，从素质教育和职业教育启迪学生的主体意识，形成主体发展和实践教学相统一。第三，坚持核心价值和实践教学创新。在多元思潮的影响下，坚持核心价值观教育，进行改革创新成为帮助学生树立正确的世界观、人生观、价值观、道德观和法治观的重要途径。

　　本书的编写是对多年来《思想道德修养与法律基础》实践教学改革的回顾、梳理和创新。首先对《思想道德修养与法律基础》实践教学内涵的学理解释，阐述了其内涵、特征、目标和价值，分析了实践教学的现状与发展趋势，然后提出进行实践教学的途径及如何运行和实施，最后对于《思想道德修养与法律基础》实践教学进行了创新与思考。

　　本书共六章，其中第一章、第三章、第四章由天津现代职业技术学院赵静怡编写。第二章、第五章、第六章由天津现代职业技术学院王丽英编写，由于编者水平有限，不足与疏漏在所难免，敬请读者批评指正。

编者

2020年3月

▪CONTENTS▪目　录

第一章
思想道德修养与法律基础实践教学概述

　　高校思想政治理论课（以下简称"思政课"）是对大学生进行思想政治教育的主渠道和主阵地，努力提高思政课的育人实效性是当前思想政治教育工作的难点，加强思政课实践教学是有效破解这一难题的关键。思政课实践教学是针对思政课理论教学的必要补充和延伸而进一步展开的，以验证、体验、创造、升华为教学目的，按照既定教学计划而开展的以学生主性活动为主的实践活动的统称。思政课教师是实践教学的关键主体，在选择实践教学模式和实践环节的时候，社会实践能力的强弱直接影响实践教学的实效性，对青年学生价值判断和理想追求也会产生持续影响。因此，思政课教师必须要明确每门课程的课程性质、教学目的才能够去进行有效的实施。本书主要是以《思想道德修养与法律基础》为例进行实践教学的探讨。

第一节　思想道德修养与法律基础实践教学的内涵

《思想道德修养与法律基础》综合运用马克思主义的基本立场、观点和方法，以习近平新时代中国特色社会主义思想为价值取向，从当代大学生面临和关心的实际问题出发，针对大学生成长过程中面临的思想道德和法律问题，开展马克思主义的世界观、人生观、价值观、道德观、法治观教育，引导大学生提高思想道德素质和法治素养，成长为自觉担当民族复兴大任的时代新人。通过理论学习和实践体验，对大学新生面临和关心的实际问题予以科学的有说服力的回答，以适应大学生成长成才的需要，帮助学生形成崇高的理想信念，弘扬伟大的爱国精神，确立科学的人生观和价值观，加强思想品德修养，增强学法、用法的自觉性，全面提高大学生的思想道德素质、行为修养和法律素养，培养良好的职业道德和职业素质，为高职各专业人才培养目标的实现以及学生可持续发展打下坚实的基础，为其逐渐成长为全面发展的社会主义事业的合格建设者和可靠接班人，奠定坚实的思想道德和法律修养的基础。

马克思主义认为，实践是人们能动地改造和探索现实世界的一切社会的客观物质活动。实践的形式包括生产活动、阶级斗争和科学实践活动，而实践的主体是客观实在包括主体、对象和手段等。教学是教师的教和学生的学所组成的特有的活动。教师在教学中起主导作用，通过合理的教学方法，让学生掌握知识、培养能力、形成优良品德。学生在教师的指导下，积极主动的学习知识和技能，努力成为全面发展的人。实践教学是学生在教师的指导下，通过实践的方式，亲自参与到教学活动中来，感受客观世界，学到课堂上难以获取的东西。实践教学是一种巩固和加深学生对理论知识理解的有效途径，将理论与实际相结合，培养学生动手能力的有效途径，是基于实践教育理念的教学活动。

《思想道德修养与法律基础》这门课程的突出特点是其鲜明的实践性，通过开展实践教学，引导学生将课堂上学到的理论知识内化于心、外化于行，实现知行统一。同时，引导学生在实践中自觉进行道德素养和法律素养，从而成为全面发展的人才。实践教学的开展需要具备以下要素：

一、教师

教师是实践教学的策划者、组织者和实施者，实践教学的质量和效果在很大程度上是由教师决定的。

在师德修养方面，教师作为马克思主义理论，党的路线、方针、政策的宣讲者，中国特色社会主义意识形态、中国精神的传播者，应不断提升自身的马克思主义理论素养，坚定共产主义远大理想，牢固树立中国特色社会主义共同理想。同时，要不断加强道德修养，不断提升自身道德素质，这样才能以德育人，对学生产生潜移默化的影响。

在教育理念方面，教师要牢固树立以学生为中心的教育理念，并以此作为教学的出发点和落脚点。首先，坚持以学生为中心，明确当代大学生的成才目标是成为德智体美全面发展的社会主义事业的建设者和接班人。教师要以理想信念教育为核心，以爱国主义教育为重点，以基本道德规范为基础，以大学生的全面发展为目标，培养勇担民族复兴大任的时代新人。其次，要引导学生树立正确的学习理念，养成良好的学习习惯。再次，因材施教，及时调整教学方法，便于学生接受知识。最后，换位思考，建立良好的师生关系，营造轻松愉悦的学习氛围。

在知识结构方面，教师应具备丰富的学科知识，不仅要熟知马克思主义理论和思想政治教育的相关理论，还要对哲学社会科学，例如伦理学、美学、宗教学、政治学、历史学、法学、社会学、教育学、心理学等有所了解，这样有助于增强教学的时效性。

在教学能力方面，不仅要熟练掌握理论知识，还要运用好现代化的技术手段，例如微课、慕课、翻转课堂、学习通和爱课程等，这样有利于发挥教师的主观能动性，积极投身到实践中去。

二、学生

学生既是《思想道德修养与法律基础》实践教学的主体，也是客体。在教师的指导下，学生在参与实践教学的过程中，作用于社会实际这个客体，也会受到社会实际的反作用，在这种交互作用的影响下得到再教育，提升主体的学习能力。要想增强实践教学的时效性，就需要激发学生的学习动机。当目前，部分高校学生的学习动机不强，这需要通过实践教学来充分调动他们的学习积极性。

思政课的任务之一就是让学生将社会意识转化为自我意识，但教师不能采取灌输式的教育方式。学生对教育影响的接受程度，是由自身因素、已有经验的理解，对教育影响做出选择。因此，在教学过程中，学生要主动参与实践教学，强化学习意识，主动探索。

三、教学内容

教学内容是学与教相互作用过程中有意传递的主要信息，优化教学内容是增强《思想道德修养与法律基础》教学时效性的保证。

教学内容的针对性。本课程的魅力就在于对学生的思想道德素质和法律素质所产生的作用，也需要一定的传播媒介。要想增强本课程的针对性，教师需要在教学的过程中紧密联系学生关注的社会现象和中国特色社会主义现代建设的实际，关注学生的专业发展发展方向、职业的社会需求、行业改革的发展趋势，这样才能和实践教学有效融合。

教学内容的丰富性。要想充分发挥思政课实践教学的教育功能，除了在思想政治实践教育基地上课以外，还可以带领学生走进企业、社区、乡村、革命老区等，通过各种具体的实践活动，深化学生对教材和理论知识的理解，通过开展多类型、多层次、多形式的实践教学模式，指导学生运用马克思主义原理进行分析，提升思想道德素养和法律素养，激发学生的社会责任感和使命感。

第二节　思想道德修养与法律基础实践教学的特征

《思想道德修养与法律基础》实践教学与其理论教学相比，不仅有其特定的内涵，而且有其自身的特征。具体表现在参与式教学过程中学生的主体体验、师生互动和理论与实际相结合所产生的直接效果。

一、实践性

实践性是《思想道德修养与法律基础》实践教学的基本特征，同时也是实践教学有效开展的前提和基础。首先，实践性特征贯穿于思政课教学的全过程，引导新时代大学生运用马克思主义理论和方法来分析和解决当代新时代背景下的各种复杂问题，实现从抽象理论到具体行为的转化，增强大学生的实践能力。其次，实践是检验认识真理性的唯一标准。书本理论知识的正确与否只有通过实践才能给予最充分的验证。进行实践教学的目的之一就是要指引大学生在参与社会实践的过程中将马克思主义理论知识与生产劳动和社会实践的紧密结合，在具体的社会实践的过程中，自觉和不自觉地培养理论联系实际，解决实际问题和动手操作的能力，不断增强改造客观世界的能力。实践教学通过提供和创造各种条件引导学生参与课内实践、思想政治教育基地实践、社会实践和社会生活，让学生在实践活动中加深对课堂上所学知识的理解，通过理论与实践的结合，亲身感受获得直接经验，增强学习兴趣，从而提高对社会生活各方面的认知能力。

二、综合性

综合性是《思想道德修养与法律基础》实践教学区别于专业课实践教学的重要特征之一。实践教学所涉及的内容具有综合性，涵盖了经济、政治、文化、社会和生态，而且关注的也是大学生思想、态度、认知、价值观、能力和方法等方面的综合发展。通过实践教学能够综合运用马克思主义和中国特色社会主义理论武装头脑，掌握思想道德知识和法律知识，解决成长成才过程中所遇到的实际问题。

三、开放性

开放性是《思想道德修养与法律基础》实践教学的鲜明特征。实践教学活动的主题不拘泥于课程理论教学内容的限制。教师在具备扎实的理论基础和分析社会问题能力的基础上，可以就大学生感兴趣的热点问题、理论学习的重点难点和学生进行探讨，这样可以使教学内容不断更新、与时俱进，同时也做到了教学相长；实践教学的空间具有开放性，打破了传统课堂教学的束缚，学生可以根据老师的安排和自己学习的需要，自主选择参与活动的时间和空间；教学结果具有开放性，实践教学的结论可以是多元的，或者不确定的，没有什么标准答案，不再受条条框框的限制。

四、多样性

多样性是《思想道德修养与法律基础》的独特特征。面对新时代大学生学习方式的变化、思维方式的变化、接受新知识方式的实际情况，就需要在实践教学在形式上灵活多变，例如开展课堂实践教学、课外实践教学和网络实践教学。课堂实践教学以学生讲授、课堂辩论、主题演讲、情景剧表演、在思想政治教育实践基地上课等形式进行；课外实践教学以参观学习、社会调研为主，例如在爱国主义教育基地进行实践教学；网络实践教学与前两者紧密相连，更多体现为计算机技术应用的推进，例如学生参与社会调查、制作微电影时都会依赖网络工具。随着现代信息技术的发展，互联网日渐成为学生生活中的重要空间，因此思想政治理论课网上阵地的建设显得尤为重要，例如数字马院建设就是在虚拟空间引导和启发学生主体的健康成长。通过形式多样的实践教学活动，提高学生的思想政治素质和观察分析社会现象的能力，以此达到深化教学的效果。

五、主体性

主体性是《思想道德修养与法律基础》实践教学重要的特征。是一种以学生为主体，以教师为主导，充分发挥学生主动性的教学模式。教师在实践教学的设计、实施和反思的过程中，坚持"以人为本"的理念和马克思主义的人学思想，尊重学生的主体地位，促进学生的自主性发展，强化学生的主体意识，发展学生的主体能力，促进学生的全面发展。

主体性教学理念中孕育着实践教学的精髓，突出实践教学过程中人的主体性，改变传统教学模式中学生的地位和角色，调动学生的学习能动性。在主体性实践教学中，教师是教育的主体，学生是学习的主体，是实践教学中师生互补关系的定位特征，两者构成完整的教学活动，并且可以相互影响，有利于知识的传授。实践教学的主体是人，而实践教学对促进教育的时效性和人的全面发展都发挥着重要作用。

第三节　思想道德修养与法律基础实践教学的目标

《思想道德修养与法律基础》实践教学要依据课程的教学内容、要求和大纲，引导大学生积极开展道德实践和法律实践，以提升大学生的思想道德素质和法律素质为主要目标。

一、知识目标

知识目标是《思想道德修养与法律基础》实践教学的基础目标。道德知识和法律知识是实践教学的基础和前提。通过实践教学首先要改变传统教学过程中的"一言堂"和"灌输式"的教学模式，让学生在现实的情境中感受并验证道德知识和法律知识的正确性，加深对于马克思主义理论、世界观、人生观、价值观、道德观和法治观的认同和理解，巩固课堂上所学知识。其次，让学生通过体验复杂的道德和法律现象，去挖掘现实生活中值得提倡的道德行为、道德观念、道德品质、法律知识和法治理念，去感知一些课堂上无法学到的知识，获取更多的信息，这样有助于具备合理的道德知识和法律知识体系。

二、能力目标

能力目标是《思想道德修养与法律基础》实践教学的重要目标。通过实践教学要培养学生四方面的能力：一是以"以人为本"理念为出发点，尊重学生的主体性和自主性，让学生成为实践教学的主体，广泛参与实践教学活动的策划和组织，以此来锻炼学生的组织协调能力；二是通过实践考察、参观访问、调查问卷等形式，培养学生观察问题、分析问题和解决问题的能力；三是通过参与实践教学基地、公益活动或社区服务，帮助学生解决其存在的道德和法律认知与行为不一致的问题，让他们通过实践，增强将道德、法律认知转化为道德、法律行为的能力。四是通过实践教学，加强学生辩证地看待中国与世界大势，科学看待问题，明辨是非的能力，弘扬伟大的爱国主义精神。将道德的相关理论内化为自觉意识、自主要求的能力，以及外化为自身行为和习惯的能力。理论联系实际，逐步具备分析和解决职业、家庭、社会公共生活等领域现实一般法律问题的能力。

三、素质目标

素质目标是《思想道德修养与法律基础》实践教学的核心目标。通过实践教学引导学生探究现实生活中的道德和法律问题，并运用所学知识提出说明问题、解决问题的办法。引导学生在探讨、研究实际问题的过程中，树立马克思主义的世界观，个人价值与社会价值相统一的人生观和社会主义核心价值观；培养诚实守信、知行合一的良好品质，养成团队合作、踏实实干的精神；形成对自身、家庭、职业、社会、国家的责任感和荣誉感；科学的世界观、人生观、价值观、高尚的道德观和正确的法制观为指引，确立自觉遵守职业道德和行业规范的意识；坚定理想信念，提高明辨是非善恶的能力，不断完善自身。

第四节　思想道德修养与法律基础实践教学的价值

一、有助于培养全面发展的新时代人才

如何发挥正能量，增强新时代大学生对于理论知识和现实问题的认识能力，坚定正确的理想信念，对当前高校的思政课提出了严峻挑战。我们必须认识到在全球化背景下，社会思想意识日趋多元化、文化多元化，面对拜金主义、享乐主义、极端个人主义等情况，如何运用马克思主义的立场、观点和方法弥补思政课教学过程中出现的问题和不足，怎样融入科学的、现代的教育理念和方法，是当前思政课需要解决的问题。

要想提高思政课的时效性，就必须进行课程改革，注重文化育人、实践育人，把教育教学和社会实践结合起来，构建培育和践行社会主义核心价值观的长效机制。如果只注重理论传输，把学生置于理想的环境当中，脱离社会现实，忽视社会对人的发展的重要作用，那么大学生在未来走向工作岗位之后会显得软弱无力。

在传统的教育理念当中，社会发展需要什么样的人，教育就培养什么样的人，把人的发展看作教育培养的产品，往往忽略了"以人为本"的理念，忽略了人的全面发展才是社会发展的动力。教育在培养个体全面发展的同时，也承担着为社会培养人才的任务，因此要处理好主体与客体、个人与社会之间的关系，这样才能够实现两者的有机统一。

《思想道德修养与法律基础》实践教学是实现人全面发展的重要实践环节之一。实践教学活动的开展，让大学生走出传统的理论课堂，参与到实践当中，获得大量的现实案例和材料，既印证、丰富课本中相对抽象的理论知识，进行行为的培养和训练，在实践教学中践行道德法律规范，纠正价值观中的一些偏差，坚定正确的理想信念。同时可以帮助大学生夯实理论基础，掌握研究问题的方法和思路，提高自学能力、研究能力、思维能力等，从而增强对社会的适应能力，成为全面发展的有理想有本领有担当的新时代新人。

二、有助于实现教育自身发展的需要

《思想道德修养与法律基础》实践教学的目标之一是实现主体性实践教学。在实践教学的过程中唤醒大学生的主体意识，提升认知水平，激发问题意识，提升教学效果，深化大学生对于课程内容的理解，塑造其正确的主流价值观。教育本身是一种心理语境的传播，传统的教学模式以教师授课为主，对学生灌输理想信念教育，而主体性的教育理念强调以学生为主的参与式教学模式。从教育本身出发，主体性既是改善教学方法的手段，也是现代教育的最终目的。

素质教育是提升受教育者素质的教育实践活动，对我国实现"两个一百年"、建设社会主义现代化强国和中华民族伟大复兴具有重要意义，同时也是维护国家稳定、民族团结的有效途径。启发和发展大学生的主体性是素质教育的根本任务，也是《思想道德修养与法律基础》实践教学的任务。在实践教学的过程中，将实践教学与素质教育相融合，通过传授知识和技能，培育学生共同的价值观，彰显社会整合和构建的同一性，启发人的主体意识，促进学生的全面发展。

三、有助于推进课程改革

高校的思政课是宣传马克思主义的主渠道和主阵地，培养中国特色社会主义事业的建设者和接班人是其主要任务。在实现中华民族伟大复兴的过程中，思政课是帮助大学生树立正确世界观、人生观和价值观的主要课程，而《思想道德修养与法律基础》是高校学生的第一门思政课，其重要性不言而喻，怎样在教育教学的过程中进一步增进学习效果，是我们需要解决的问题。在塑造学生价值观的过程中，思政课教学改革的方法、手段和途径随着社会的发展、科技的发展而发生着变化，新媒体的迅速发展对思政课也带来了挑战。改革教学方法、强化问题意识、有效利用新媒体技术，培养学生的主体意识、调动学生学习的积极性，充分利用好第一课堂和第二课堂，实现理论教学和实践教学的有效融合并发挥他们的能动作用，对于增强思政课教学的时效性具有重要意义。

习近平总书记在多个场合提到了"以人为本"，早在2013年与金砖国家领导人会晤时指出：坚持以人为本，全面推进经济建设、政治建设、文化建设、社会建设、生态文明建设，促进现代化建设各个方面、各个环节相协调。现代化建设的核心是以人为本，　面对多元文化的挑战，深化思政课教学的改革内容，是思政课发展的方向和趋势。

《思想道德修养与法律基础》实践教学坚持实践性原则，不断探索并把握实践教学的要求和规律，通过师生共同参与形式多样、主题鲜明、内容丰富的实践教学，不仅可以在推进教育教学改革的过程中增强课程的吸引力与感染力，还能有效弥补理论教学中的不足，增强教育的针对性与时效性。同时，推广新模式、探索新方法、借鉴传统实践教学的精华、发挥主体性教育理念的优势、做到第一第二课堂的有效融合，只有这样才能提升思政课的时效性。而时效性提升的途径多样，涵盖了马克思主义社团建设、校园文化建设、实践基地建设等，把"以人为本"理念纳入实践环节，这样才能够充分发挥思政课的作用。

第二章　思想道德修养与法律基础实践教学的现状与发展趋势

第一节　思想道德修养与法律基础实践教学的现状

党的十九大以来，以习近平同志为核心的党中央把高校思想政治工作摆在突出位置，强调"思想政治理论课是落实立德树人根本任务的关键课程"，并且做出一系列重大决策部署，各地区各有关部门各高校各级党委采取有力有效措施，形成了党委统一领导、党政齐抓共管、有关部门各负其责、全社会协同的"大思政格局"，有力地推动了《思想道德修养与法律基础》课教师实践教学的理论创新和实践创新。相比较于本科院校的基础课实践教学，高职院校在师资水平和数量、实践教学经验、经费、生源素质、实践资源、组织保障等各个方面都遭遇了不同程度的困难。下面以天津现代职业技术学院的思政课实践教学为例进行分析。

一、高职院校思政课在实践教学方面的困境

正式提出高校思政课实践教学，是2005年中宣部、教育部《关于进一步加强和改进高等学校思想政治理论课的意见》，《意见》指出高校思政课实践教学的目标和实践教学的落脚点。思政课教学最早在理论底蕴强、经费充裕的高水平本科院校开展。而高职院校积极探索思政课实践教学始于十八大以后，2016年底全国高校思想政治工作会议后才得到普遍关注，这种状况与高职院校认知水平、师资、课程、生源等的实际困难有关。

1. 认识困境

马克思主义经典作家曾指出，人们对于事物的认识具有反复性与前进性，即"人们对事物的认识往往是从低级到高级的方向前进"。自高等职业教育蓬勃发展以来，高职院校由于应用型职业技能人才培养目标与立德树人思政课育人目标认知上的偏差，致使基础课实践教学的认识一直不到位。一方面，高职院校的一些管理者重专业实践轻思政课实践。对比学生专业实践与思政课实践教学，管理者重就业率偏重专业实践，而置基础课实践教学触底达到国家文件的要求即可。管理者的这一认知倾向很有可能基础课的实践教学流于形式。另

一方面，思政课教师重理论教学轻实践教学。高职院校思政课教师教学任务重，很多基础课教师养成理论灌输的习惯，成为思政课实践教学改革的旁观者。他们往往淡化实践教学环节，致使实践教学表现出很大的随意性，课程管理缺乏规范性，教学效果难以把握。

2. 师资困境

高职思政教师理论和实践能力和水平都相对薄弱。高职院校缺乏高水平的思政学科带头人。从天津市高职院校总体来看，思政课教师中获得正教授职称的人凤毛麟角，整个海河教育园区高职院校正教授思政教师也屈指可数。高职院校35岁以上的教师绝大多数本科毕业，年轻教师学历较高但是教龄较短，经验不足。更严重的问题是，不同于本科院校思政课教师只承担一门思政课，有大量的时间和精力进行理论储备和教学实践的钻研设计。高职院校思政课教师名副其实，很少有人专门讲授一门基础课或概论课，他们第一学期承担《思想道德修养与法律基础》课，第二学期承担《毛泽东思想和中国特色社会主义理论体系概论》课，而且每个学期还要承担《形势与政策》课。除了授课任务，年轻教师还兼任班主任及院系社团活动的辅导教师。国家1:350的师生比很难在短时间内达标，每学期教授学生少则200人多则400人的大班课。超负荷的工作量本来就已不堪重负，在网络信息化教学的强大冲击挑战下更是首尾难顾。多重压力之下，高职思政课教师理论水平难以提升、实践教学的能力也很难在短时间内有本质的改变。另外，急需实践掌控和驾驭能力强的专职实践教学教师补充到思政教师队伍中，来应对大班实践教学难以开展和实效不强的问题。

3. 课程困境

无论是《思想道德修养与法律基础》还是《毛泽东思想和中国特色社会主义理论体系概论》，每门课都涉及马克思主义理论的众多学科，思想政治理论课是多学科融合发展的需要和产物。马克思主义哲学、政治经济学、科学社会主义、社会学、思想政治教育、伦理学、心理学、法学等不同独立学科、专业或研究方向等融合发展进而生成一门课——思想政治理论课。中国特色社会主义理论与时俱进，思政课也一直在发展创新的路上。

高校思政课教育教学就是通过揭示人类社会发展规律与树立人的自由全面发展目标，引导与帮助大学生掌握社会规律和人生规律，预测社会发展和个人发展的必然趋势，从而满足大学生求真求发展的需要；就是通过科学的世界观与方法论去教育人和培养人，通过解决人的思想问题，使大学生从各种思想困惑中解放出来，引导和帮助大学生接近真理和认识真理，转变错误和改正错误，引导和帮助他们学会做事、学会做人；学会求知、学会共处；学会打开视野、实现丰富知识和增长创新精神与创新能力的目标，从而满足大学生全面发展的精神需要与生存需要。因此，思政课必须走理论和实际相结合的育人之路，最终才能满足时代新人知行合一的人生发展需要。

4. 制度困境

高职院校基础课实践教学相关机制不健全。首先，教学管理制度尚在探索进程中，还有许多内容尚需完善，导致目前实践教学组织管理不能稳定推进。基础课理论教学在教学大纲、教学计划等方面都有统一的规范标准，但是在实践教学部分，就缺乏类似的教学规范标准，甚至有的只在教学大纲中简单提及。另外，关于思政课实践教学的组织管理机构，也比较模糊。当前，高校思政课的实践活动一般由思政部负责管理，由思政部联合校团委、学工处共同开展实践教学。对于这种组织模式，很多学校根本没有明文规定，从而在现实中普遍出现各部门"各自为战"的尴尬现象，教学秩序混乱，直接影响教学效果。

5. 生源素质的困境

随着高校扩招政策的影响，高职学生在同龄青年群体中处于较低层次，整体素质不高，其中有一部分学生被上大学。他们中有大约三分之一的人受应试教育的影响和网络信息的冲击，不同程度地表现为自主学习的热情不高能力不强，不仅理论知识储备空虚、实践能力也强差人意。一方面他们对社会和国情的了解比较空泛，对生活的认知和理解也很肤浅；另一方面十几年来的应试化训练固化了他们的思维，限制了他们分析问题的深度和广度，严重阻碍了他们深度参与基础课实践教学。一般来讲，小班实践教学尚能掌控，大班实践教学对于基础课教师来讲难免困难重重。

6. 实践教学评价考核机制不科学

很多高职院校教学管理部门对思政课实践教学缺乏科学深入的探究，在教学考核和评价机制的构建上尚不能形成科学的体制机制，从而造成实践教学课程化难以形成。比如在教学评价考核上采取"一刀切"的评价方式，以学生考试分数的高低、参加实践活动的次数作为考核标准，做不到将学生的自我评价与他人评价相结合、过程评价与结果评价相结合。这种考评机制势必会影响考核结果的公平公正，甚至挫伤师生开展思政课实践教学的积极性，对教学目标的实现产生负面影响。

二、高职院校思政课实践教学的现状

（一）天津海河教育园区高职院校思政课实践教学整体现状

"如何推进基础课实践教学"一直是园区各高职院校及思政教师倍加关注的重点课题，从当前的教学实践状况来看，园区高职院校基础课实践教学虽然得到了一定突破，但在实践环节上却一直不尽如人意。

1. 实践教学的规范性有待进一步加强

大多数高职院校在基础课的教学计划中都设置了实践教学的内容和环节，但是普遍没有按照课程化的标准，专门就基础课实践教学制定规范的教学大纲，以及更为细致和明确的具体规定、要求和标准。既缺少宏观层面的规范指导，又缺乏微观层面的操作标准。放任思政课教师的取舍，主观随意性较大，是当前实践教学方面存在的最明显的问题。

2. 实践教学的开展仍存在流于形式的现象

"思政课是立德树人的关键课程"已成共识，教育部对于基础课实践教学提出了明确的课时、学分等诸多方面的要求。但是由于对实践教学的理解不到位，特别是受制于学生人数多、课时紧张、经费有限、现实条件客观限制等诸多方面的因素，实践教学难免采取"大而化之"或"走过场"的态度，任由思政课教师选择是否进行实践教学。也有的学校甚至假借学生工作部（处）、校团委等学生工作部门组织开展的寒暑假社会实践调研之名代之，致使实践教学环节缺失，严重影响正常的实践教学发挥应有的作用。

3. 思政课教师实践能力普遍不强

实践教学的深度拓展对基础课教师提出了较高的素质能力方面的要求，教师只有全面提升自身能力素质，方能胜任。首先是雄厚的理论根基，对社会现象与社会问题有深刻的洞见和把握；其次是充分了解学生，特别是学生的兴趣爱好、认知态度、知识结构等；再次是实践课堂驾驭能力和掌控能力。在实践课堂中，教师的角色是组织者、是编剧、是导演、是主持人，还是理论释疑人。针对不同的实践项目以及不同特点的学生，的确对思政教师是极大的挑

战。再加上信息化应用方面的冲击，凸显了基础课教师的实践教学能力急需加强，否则就有被淘汰的危险。

针对以上问题天津海河教育园区思政课联盟也在不断进行思政课改革创新：首先，构建思政实践资源平台，助力高职院校思政实践教学共建共享。天津海河教育园区思想政治教育实践基地是以习近平新时代中国特色社会主义思想为指导，根据高职院校思想政治教育工作特点而建立的实践资源平台。该基地使用面积5000平米，独立四层楼建筑，内容涵盖高职院校思政课程《毛泽东思想和中国特色社会主义理论体系概论》和《思想道德修养与法律基础》的重点内容。其中涵盖了高职学生世界观、人生观、价值观、道德观和法治观的实践模块，为高职学生时代新人的培育提供了实践场所。2019年末全国性思政会议在天津召开，红馆作为一个实践课观摩点向教育部和全国985高校的领导进行展示，发挥了品牌效应，为高校思政课实践育人的改革创新拓展了新试验田。

其次，海河教育园区思政课联盟思政实践教学共建共享机制形成。召开思政课集体备课会和思政改革创新名师的示范课，启动园区思政课联盟"思政文化节"活动，完成园区课题申报结题验收工作和"思政课程""课程思政"示范课程的评选验收工作，组织了联盟实践教学案例的制作和实践课程展示的组织服务工作。

（二）天津现代职业技术学院思政课实践教学现状

面对高职学院开展基础课实践教学的种种困难，天津现代职业技术学院党委秉持"立德树人"的职业技能人才培养理念，严格执行教育部、天津市教委、海河教育园区管委会的有关思政课建设的要求，全力支持思政课实践教学的改革创新，其中，学院提供一座5000平米的4层楼建成天津海河教育园区思想政治教育实践基地，鼓励申报天津市思政教育改革创新团队项目，为高职学院基础课实践教学的开展和创新提供了支持和保障作用。

1. 党委领导下的"全员参与、齐抓共管"的大思政格局的确立

天津现代职业技术学院成立了以院党委书记牵头挂帅的思想政治工作领导小组，包括学院主要领导、思政部、各院系、宣传部、学生处、教务处、宿管办、团委等职能部门连同辅导员、班主任、心理咨询教师等。每学期开学、学期中及学期末和重要时政节点都要召开全院的思想政治工作领导小组联席会，共同围绕思想政治育人商讨对策、交流育人经验、找寻协同育人的良方，以及

应对突发事件的预警与应对措施。召开思想政治工作领导小组，都要求全体思政课教师参加，让思政课教师了解全院思政育人的整体情况，教学班上出现个案思政课教师可以联络相关的部门协同处理。有的涉及思政教育的党委会议，也邀请全体思政课教师参加，征求思政课教师的意见。在大思政格局中，促使思政教师明确身处"立德树人"主阵地的职责担当，激发思政课教师勇于投身实践教学的改革与创新。

2. 思政课教师不断更新实践育人教学理念，不断与信息化结合。

天津现代职业技术学院借势信息化，通过开展信息化教学比赛，助推思政课教师信息化教学能力不断提升。其中超星App、蓝墨云班课、人民网数字马院都成为思政课教师组织课堂、开展课堂实践教学及红馆实践教学的便捷手段。红馆内校级项目数字马院以及数字红馆、VR课堂、红研工坊，目前已成集资源共享、备课、考评、大数据等功能为一体的数字马院门户网站，为网络信息化思政实践教学提供了大舞台。

超星思政精准匹配教材中的每一节，提供600多个鲜活的案例教学视频。这些内容丰富、情节动人的案例极大地缩短了思政课理论与实际生活的距离，也拉近了课堂与青年学生的心，让理论知识不仅入课堂，也入脑入心。讲述青年的理想信念相关知识点，在课堂中向学生们播放超星案例《习近平的知青岁月》，通过课中发起签到、投票、问卷以及线上作业提交等活动可以有效增加课堂互动。每当老师提出一个开放性的问题时，学生可以用文字、图片甚至活泼的表情包来各抒己见。学生所反馈的答案，能让老师即时掌握学生的想法、思考、见解，因势利导使课堂气氛活跃起来，灵活实现师生互动、达成教学目标。

3. 拓展改革创新实践教学新模式

红馆的建成为思政课教学提供了难得的教学平台，充分发挥了红馆的教学功能和育人目标，形成了"情浸式"实践教学创新模式，在具体的情境中学生通过参与实践、互动体验，在学习过程中形成更加深刻的认识和情感体验，进而评价衡量自己的思想道德和行为是否符合新时代的要求，帮助他们确立正确的学习动机，提高分清是非的能力。

在学校的大力支持下，思政教学部成立实践教学教研室，确定了实践教师，形成了学生实践手册，形成了分组式实践教学形式，落实实践教学学分，并首次开拓了带领学生进行社会实践教学尝试，形成了学生实践学习分享成果案列。通过集体备课、教研、培训等活动的开展，不断提升改革创新的意识和能力。

自十九大以来，天津现代职业技术学院思政部在郭彬主任的带领下，完成了海教园区红馆思政实践基地的建设，启用超星的"一平三端"（网络教学平台，教师端、移动端、管理端）智慧教学系统，建成了数字马院，实现思政理论课线上线下同频共振，逐步让学生从"课堂埋头玩手机"变为"利用手机学课程"。开启了高职院校思政实践教学改革创新的新征程。

虽然运用新媒体新技术使工作活起来，但是思想政治工作传统优势还未同信息技术高度融合。针对教学实际，学生思想和认知特点，还需进一步积极探索教育信息化在实践教学中的运用。而且，思政资源库的建设、慕课开发等一系列的新挑战等着面对，破解传统思政课课堂抬头难、互动难、入心难的困境，思政课永远行走改革创新的路上。

第二节 思想道德修养与法律基础实践教学的发展趋势

2019年8月《关于深化新时代学校思想政治理论课改革创新的若干意见》出台，明确提出推进思政课教学要"坚持用习近平新时代中国特色社会主义思想铸魂育人，以政治认同、家国情怀、道德修养、法治意识、文化素养为重点"，思政课承担着为党和国家培养社会主义合格建设者和可靠接班人的使命，决定了其必须回答"培养什么人、为谁培养人"的问题，基础课教师更要解决好"怎样培养人"的时代课题。天津现代职业技术学院思政部依托天津海河教育园区思想政治教育实践基地，凭借超星的"一平三端"（网络教学平台，教师端、移动端、管理端）智慧教学系统和"数字马院"，实现思政课线上线下同频共振，逐步让学生从"课堂埋头玩手机"变为"利用手机学课程"，开启了高职院校思政课实践教学改革创新的新征程。但是破解传统思政课抬头难、互动难、入心难的痼疾并非易事，思政课的课程性质注定了实践教学的改革创新永远在路上，只有不断地深入探索，顺应基础课实践教学的发展趋势，才能收到更好的育人效果。

高职院校在基础课实践教学的探索与创新已走在路上，新媒体新技术的应用增添了思政课的活力，但是思想政治工作传统优势还未同信息技术高度融合。针对基础课实践教学的实际，以及学生思想和认知特点等等，还需进一步理念、机制和体制等各个方面进行深入的思考与实践。而且，思政资源库的建设、慕课开发等一系列的新挑战等也需面对。

一、着力加强对实践教学的规范化设计

当前，在高职院校思政课课程改革与教学建设的整体视野中强化实践教学环节的设计至关重要。一方面，要以改革精神全面深化思政课课程建设综合改革，加强课程的整体规划与日常管理。通过不断充实教学内容，优化教学设计，改进教学方法，丰富教学手段，切实使思政课让学生真心喜爱、终身受益。思政课有一般课程的共同特点，但更有其自身的独特性，正确理解和把握

课程内容的"变"与"不变",合理运用教学方法的"传统"与"现代",科学使用教学手段的"旧"与"新",需要在课程建设过程中处理好不同的相应关系,突出教育教学实效。另一方面,要高度重视思政课教育教学的研究与实际拓展,加强对包括实践教学在内的整个思政课课程建设的整体规划和日常管理,树立对实践教学的正确认知。应推动思政课实践教学规范建设,启动研制《高校思想政治理论课实践教学大纲》。还应专门就思政课实践教学做出更为细致和明确的具体规定,细化要求,建立标准,加强督促检查,不断推进实践教学的深入发展。

二、健全和完善实践教学的组织运行与保障机制

首先,高职院校应严格根据中央有关文件的精神,制定切实可行的具体政策,完善思政课实践教学的保障机制。应将实践教学列入整体教学计划,合理设置班级规模与分类设计教学环节,规定合理的学时与学分,适当提高实践教学的权重比,加强实践教学内容的统筹规划。并在学校发展规划、经费投入、公共资源使用中优先对思政课给予保障,积极保障实践教学的经费投入,为实践教学的顺利开展和教学研究提供经费支持。

其次,高校应进一步树立实践教学的科学理念,理顺思路,完善体制,形成多主体协同联动的管理机制。大规模的全校性思政课的实践教学,单靠思政课教师的努力是难以想象的,它需要学校加强领导,需要学校进行有力的协调。

再次,高校应充分挖掘思政课实践教学资源,积极拓展校内外的思政课社会实践基地,促进学校各类学生社会实践活动的资源整合,合理配置和有效利用实践教学资源。应探索促进思政课社会实践与学生的社团活动、专业实习、岗前见习等活动相融合,充分挖掘实践教学的资源。不断完善校园文化建设,充分发挥校园文化环境的育人功能。

三、建立和完善实践教学的考评体系和评价方式

要坚持以评促建,不断提升实践教学的规范化、科学化水平。不断探索和完善思政课实践教学效果的评价体系并不意味着只对社会实践活动进行评估,理论教学、阅读经典、主题讨论和师生互动等过程中的实践环节也可以纳入评

估体系，关键是要建立一套完整有效、科学合理的评估制度。一方面，要对思政课实践教学的基本形式有更为明确、具体的界定，能够形成分类指导；另一方面，要对实践教学具体的形式做法进行逐步细化，突出考核评估指标的可操作化。与此同时，从教育主管部门角度而言，还应按照有关文件、《思想政治理论课建设标准》以及课程教学大纲等要求，加强对不同院校思政课实践教学开展情况的督查，及时纠正不良做法，促进其良性发展。

四、体现思政课特色目标要求，做好"法德结合"

2018版《思想道德修养与法律基础》摒弃了将法律与道德完全分开各自成章的传统，以社会关系区分与统领道德规范与法律规范，肯定了思想道德素质和法治素养是人应该具有的基本素质，强化课程目标是引导大学生提高思想道德素质和法治素养，这一结构上的突破具有重大的教育意义，但尚未引起学界的足够重视，同时教材本身对这一突破的贯穿也不够彻底。因此，法德结合为主题的实践教学将弥补教材缺陷并创造性地完成独具特色的《思想道德修养与法律基础》实践教学任务。现有的实践教学设计依然是分章节进行的，将思想、道德和法律分成三块分别设计实践教学活动。

但是思想道德修养与法律素养作为一个有机整体，学生在现实生活中经常会面对道德与法律的冲突无法做出明智的选择。比如，女大学生高铁座位该不该让给身体不适的人？从法律的角度来看这个问题，女大学生花钱购票和高铁运营公司有合同关系，有权利使用自己的座位；但是从道德的角度来看，扶危济困是中华民族的传统美德。法德的冲突很容易引起青年大学生的思想混乱，抽丝剥茧地同学生沟通对话，使学生认识到专注于自我的权利享有难免陷入自私自利的冷漠中，不利于社会主义核心价值观的培育和弘扬。因此，探索法德结合的主题内容模将是今后《思想道德修养与法律基础》实践教学的重点。

五、强化思政课教师队伍建设，多视角帮助教师提升实践教学的指导能力

首先，按照实践教学的基本要求和规范，加强对教师本人的培训，不断提升教师的综合素质和能力。未来几年教师要以开放的心态迎接新技术给教学形式带来的变化。首先，要完成身份的转化，由知识的传递者、活动的组织者，转变为活动的参与者和体验者，或者充当讲解员和导览员的角色。其次，要创

新教学策略、改变教学内容呈现方式、优化教学活动，改革教学评价方式。同时，学生需要化被动为主动，提高媒体素养，适应项目学习、探究学习和小组合作学习。VR技术带来的教学新模式目前还只是一个雏形，想象和完善的空间仍然很多。应继续实施思政课教师骨干研修项目、社会实践研修基地建设等有效举措，全方位提升思政课教师队伍的素质。

其次，要建立和完善实践教学的指导体系，强化对教师的指导作用。可以制定一些关于实践教学的规定，明确指导教师的职责，使实践教学有章可循。

再次，应对教师对实践教学的探索提供支持，鼓励教师自主研究和探索创新。一方面，学校既要在人才培养、科研立项、评优表彰、岗位聘用（职务评聘）等方面充分重视思想政治理论课教师，为教师发展营造好的制度环境；另一方面，又要切实对热爱教学、研究教学、积极创新教学的教师提供支持，鼓励教师加强对教学方法的探索。

最后，应加强实践教学的研讨和经验交流，促进教师间相互学习。对有效、有特色的实践教学方式，应适时加强宣传和推广，促进好的实践教学方法与经验的共享，从而提升实践教学的整体水平。

在大思政格局下"思政课程"与"课程思政"协调育人。在多学科融合发展的背景下，高校思政课教育教学主体应当既需要专任思政课教师努力扩大知识面，也需要其他学科的专业教师或有其他学科知识背景的教职工兼任与参与到高校思想政治理论课教育教学之中来。同时，高校思想政治理论课教育教学的内容应当既包括马克思主义理论学科的知识内容，也包括自然科学、人文科学、社会科学学科的知识内容；既需要相关理论知识，也需要相关实践知识。这些也都是"大思政"教育教学模式的内在要求和本质规定。

六、新媒体新技术时代对实践教学外延的新界定

新媒体新技术时代思政课实践教学包括课堂内实践、校园实践、社会实践及网络虚拟实践四种类型：

课堂内实践。课堂内实践是最便捷、有效的教学方法之一，传统的课堂内实践主要包括课堂讨论、课堂辩论、主题发言、案例分析及典型介绍实践经验等形式。在新媒体新技术支撑下，课堂内实践将更加易于组织，QQ、微博、微信、网络直播平台、雨课堂及超星的"学习通"APP等广泛被应用在思政课

实践教学活动中，从而增加学生的参与度，增强了课堂授课效果。

校园实践。思政课实践教学包括课前、课中和课后三个阶段，校园实践属于课前和课后实践阶段。思政课校园实践主要包括爱国主义教育实践活动、党团活动、践行社会主义核心价值观活动、青年马克思主义读书会活动及多种形式的德育实践活动。新媒体新技术为思政课校园实践注入了无限活力，思政课教学部门、教学主管部门及学校学工、团委部门"三驾马车"形成合力，推动智慧校园平台、数字校园平台建设，形成分工合理、务实高效及运转流畅的工作体系。

社会实践。社会实践是思政课实践教学的重要形式，是指大学生在教师的指导下走出课堂、服务社会的课外实践活动。新媒体新技术背景下的社会实践非常丰富，尤其是虚拟VR技术的介入，思政课实践教学红色VR展馆已经在部分地区投入使用，虚拟场馆是通过计算机产生的一个数字化的体验环境，学生可以通过操控计算机、手机或其他虚拟现实设备置身于该环境中，以实时互动的方式参观展览、感受历史、体验红色文化，获得身临其境的感觉。

网络实践。新媒体新技术时代背景下，网络已经成为思政课实践教学的又一重要场所。虚拟场馆是通过计算机产生的一个数字化的体验环境，学生可以通过操控计算机、手机或其他虚拟现实设备置身于该环境之中，以实时互动的方式参观展览、感受历史、体验红色文化，获得身临其境的感觉。通过一定的资源设计和开发，组织特定的教学体验活动，可以让实践教学突破时间、空间及经费等因素的制约，让大批学生体验到与实体馆相同的感受。红色虚拟现实体验馆已成为高校思政课实践教学中一种新的资源形式。

随着网络时代的来临，新媒体新技术和思政课实践教学的深度融合是思政课实践教学重构的必然发展趋势。最大程度利用虚拟VR技术、微博、QQ、超星学习通及微信公众号等平台的虚拟仿真、签到、投票、问卷、抢答、选人、作业、测验、任务、直播及互动平分等功能，增加学生的参与度和获得感，起到了提高课堂授课效果的作用。但是这些网络信息手段的应用只是将技术与思政课实践教学进行了结合，并不能从根本上产生生产力。至于基础课实践教学的成效，关键在于青年学生对于理论掌握多少、养成多少、践行多少。因此，要研究信息化的技术手段与基础课的实践教学的具体模式进行有机融合，以达到最佳结果。

第三章　思想道德修养与法律基础实践教学途径

思政课的实践教学，涵盖课内、课外实践教学，是以马克思主义和思想政治理论为指导，以实践方式在课堂完成的学生实践教学活动，虽然教学的地点发生了变化，不在拘泥于教师，但通过开展各类教学组织形式，培养学生的主体意识，提升问题意识、拓宽学生的知识面、引导他们去进行思考、深化他们对于所学理论知识的理解。

《思想道德修养与法律基础》涵盖人生的青春之间、坚定理想信念、弘扬中国精神、践行社会主义核心价值观、明大德守公德严私德、尊法学法守法用法等内容，在实践教学的过程中考核结果分为优秀、良好、合格和不合格四个等级。基于课程内容和考核要求的标准，实践教学必须坚持以人为本、理论联系实际、课内与课外相结合、集中与分散相结合的原则，以此来充分调动学生学习的积极性。

通过开展实践教学，旨在让学生将课堂上学到的理论知识内化于心外化于行，实现知、情、意、行的转化，做到真正的知行统一，同时，通过实践教学让学生学会做人做事，增强社会责任感，培养爱国情怀和奉献精神，能够在实践中自觉践行道德修养和法律素养，提升思政道德素质和法律素质，努力去做心时代新人。

实践教学可通过认识性实践、理解性实践和拓展性实践三种方式来开展，可细化为依托思政课课堂的教学模式是认识性环节，依托实践教学基地的教学模式是理解与体验性环节，依托社会实践的教学模式是深化和运用性环节。三个环节只有做到相互融合和配合，才能达到良好的教学效果。

第一节　依托思政课课堂的教学模式

依托思政课课堂的实践教学模式是主体性实践教学的重要形式，是教师能够充分调动学生的学习积极性，有计划、有目的、有安排的设置实践教学的各个环节，以思政课课堂为活动载体开展的实践教学。教师根据教学内容设置实践内容的主题，形成完整的教学计划，课前通过超星学习通、爱课程、微信群等形式下发学习任务，让学生充分做好课前准备，在课堂上进行实施的实践教学形式。

依托思政课课堂的实践教学模式，要根据具体情境、教学条件、教学目标等因素，因地制宜、因材施教的有序开展。坚持理论与实践相结合，原则与方法相统一，坚持马克思主义的世界观和方法论，充分体现新时代思政课的教学要求。

依托思政课课堂的实践教学模式是课内的主体性实践教学，学生是主体，教师只是发挥指导作用。依托思政课课堂的实践教学包括案例分析、头脑风暴、辩论赛、经典阅读、演讲、微视频、情景剧表演等形式。

案例分析：学生在掌握书本上相关理论知识的基础上，根据教学目的和要求，在教师的策划和指导下，课前下发相关教学案例，让学生搜集相关资料，课上运用所学知识以个人或小组为单位进行案例分析，通过学生与老师、学生与学生的互动平等对话、共同探讨，提高其辨别、分析和解决问题的能力，培养学生独立思考和团队协作精神。

辩论赛：按照辩论比赛模式，组织学生就某一书本上的问题或与书本相关的时事热点进行正反两方面的辩论，通过辩论赛前准备、互动、主体参与的方式增强学生对于知识的理解。

经典阅读：教师向学生推荐优秀的著作，引导学生掌握阅读、分析的能力，在课堂上进行朗读并分享心得体会。

演讲：针对书本内容拟定演讲主题，让学生选择感兴趣的内容在课上进行演讲，增强对于相关知识点的理解。

微视频：根据书本不同章节拟定视频主题，让学生以分组的形式进行内容编辑、录制视频和后期编辑，在课堂上进行展示并评选出优秀的作品，在全校进行展示，以此来促进学生的主体参与意识，让学生利用新媒体技术加深对于知识的理解。

情景剧表演：让学生自编剧本在课下进行准备，课上进行展示。情景剧表演是一种情境式的实践教学方式，在实施实践教学的过程中，教师首先要下发相关的主题，然后对学生自编的剧本进行审核，确保政治立场和内容的正确性，要做好组织、引导和督促的作用，并且要进行小结和评价。学生要结合书本上的主题思想，例如爱国、理想信念、道德和法律等知识点，主动去观察和分析身边的社会现象，搜寻能与主题相契合的点，提炼出有教育意义的素材，通过自编自演的方式，以情景剧的形式展示发生在校园里和社会生活中的情景，以此来揭示其所蕴含的爱国情怀、理想信念、主流价值观、社会道德现象和法律现状，宣传真善美、针砭假恶丑，把严肃的思想政治教育寓于生动的情景当中，达到寓教于情、寓教于文、寓教于心的教学效果。实践表明，情景剧表演的教学模式适用于"90后"和"00后"大学生，因为他们青春富有朝气，希望能够发挥自己的主体性，对道德原则和规范加以分析、判断，去选择和认知。

每日播报：针对于课程相关的社会热点问题和国内外重大时事问题，由学生制作PPT并进行播报讲解。

模拟法庭：模拟法庭是通过案情分析、角色划分、法律文书准备、预演、正式开庭等环节模拟刑事、民事、行政审判及仲裁的过程。模拟法庭活动，集教育性、知识性、观赏性于一体，既可以让学生掌握相关法律知识，又可以让学生感受法律的威严。

在实践教学的过程中，教师必须要对实施的每个教学环节进行充分的准备，包括：熟悉本门课程实践教学组织的教学目的，制定教学计划，向学生下发实践教学手册，对学生进行指导和教育，负责课内实践教学的组织和引导，在学生实践活动结束后进行点评和给分，对学生实践活动情况做出评价、综合和反思。

一、案例分析

教师讲解《思想道德修养与法律基础》课程内容，按照相关的人生观、理想信念、中国精神、社会主义核心价值观、道德知识和法律案例进行分析，精选一些和课本内容贴合的案例供课堂开展实践教学使用。安排学生在课前和课外通过互联网、报纸、官方平台搜集相关信息，阅读资料，以个人或小组的形式完成案例分析材料的整理工作。

1. 教师的任务

案例

案例使用说明（适用范围、教学目的、重点难点提示）

教学建议

推荐阅读的书目和相关资料

2. 学生的任务

资料搜集

给出个人看法

引用相关资料论证结果，引用相关法律法规进行解释

结合案例进行分析阐述个人观点

得出结论

3. 教学评价

成绩由教师对学生所做的案例分析进行评定，评定的登记分为优秀、良好、合格和不合格四个等级。

优秀——政治立场坚定，观点鲜明、正确；分析思路清晰；逻辑性强；能够熟练准确运用所学书本上的理论知识阐述问题。

良好——政治立场坚定，观点正确；分析思路较清晰；逻辑性较强；能够较好运用所学书本上的理论知识阐述问题。

合格——政治立场坚定，观点正确；分析思路不清晰；逻辑不强；会运用所学书本上的理论知识阐述问题。

不合格——政治立场坚定，观点不正确；没有自己的思路；逻辑混乱；没有运用所学书本上的理论知识阐述问题。

二、辩论赛

在《思想道德修养与法律基础》课程内容中引入辩论赛的形式，组织学生就书本上的知识点展开辩论，能够激发学生对于思政课的学习兴趣。通过这种实践的形式能够加深学生对所学理论知识的进一步理解和认识，提升学生的认知水平；通过辩论的形式可以让学生提升辨别是非的能力、分析问题和解决问题的能力；在辩论的过程中积极寻找突破口驳倒对方辩友，可以培养学生的逻辑思维能力、语言能力和应变能力。

教师在进行辩题设计的时候要围绕爱国、道德和法律相关知识展开深入探讨。通过辩论，了解哪些是正确的爱国方式和行为，深入了解道德和法律在人们的社会生活中扮演的重要角色，作为时代新人应该怎样去推动社会有序向前发展。教师在拟定辩题的时候要严谨，辩题要有可辨性，正反方题目必须明确。

教师要组织学生产生主持人、参赛队员、评分小组、记分员、计时员等以此保证辩论赛的有序进行。辩论赛的比赛流程可以参照正常的辩论赛程序，也可根据课堂情况随时调整。评分小组按照立论、驳论、配合等内容进行打分，评出优胜队伍和最佳辩手，教师进行总结和点评，并对参加辩论的同学进行打分计入实践教学成绩中。

三、经典阅读

根据课程内容，推荐学生阅读相关参考书目和相应的经典著作，例如推荐阅读与有关理想信念、中国精神相关的哲学类书目、历史著作，了解道德的起源、发展，法律内涵的国内外学术著作、案例和论文等，让学生通过阅读了解中华民族的灿烂文化，吸收和借鉴有益的成果。让学生在学习的过程中，增强民族自信心和自豪感。

每位学生至少阅读一本好书、两篇经典文章、两个案例，撰写读书笔记或者心得体会，并在课堂上进行朗读和心得体会的分享。教师根据学生的课堂表现、所撰写的笔记，给出实践教学的成绩，对学生做出优秀、良好、合格和不合格四个等级的评定。

优秀——具备问题意识，对书本、文章或著作的内容有较为深刻的理解，对问题概念有清晰的解释，能够形成正确的价值判断，能够突出进行阅读后所产生的正面影响。

良好——能够进行清晰的表达，但是对于内容理解的不够深刻，没有看出在进行阅读后对自己认识上所产生的影响。

合格——缺乏对所阅读内容的理解，语言表达没有逻辑性。

不合格——有抄袭痕迹，没有自己的理解。

四、演讲

由于课程内容涉及新时代、理想信念、爱国、价值观、道德和法律等多方面内容，与日常生活紧密相连，因此以演讲的形式更能够调动学生的学习积极性，同时也可以使课程内容变得更加丰富，增强学生之间的学习和交流，为学生提供进行自我展示的舞台。

演讲要求：3-5分钟，内容积极向上紧扣主题，运用书本知识，理论联系实际。题目自拟，有自己的见解，理论深刻，表达流畅。原则上要求脱稿。

开课初期，教师要根据授课计划选定适合学生的演讲主题，设计选题导向。选题应能够引导学生关注社会，培养学生的语言表达能力和逻辑思维能力，通过演讲的形式增强学生的自信心和社会责任感，最终实现提升学生主体实践能力的目标，为培养学生成为时代新人打下基础。

教师要按专题准备演讲写作教案，知道学生根据自己的兴趣、了解的人物、查找的资料，联系学校和社会选择相应题目和写作方法，要启发学生主动思考。

在学生演讲结束后进行点评和教学反思，按照四个等级给予学生实践得分，优秀、良好、合格和不合格。

优秀——主题鲜明突出，内容丰富充实，结构严谨，有自己的见解。

良好——主题明确，内容具体，结构完整，有一定的见解。

合格——有主题，有内容，具备一定结构。

不合格——主题模糊，内容空泛，结构混乱。

五、微视频

利用现代化的新媒体手段，通过微电影、视频展示等方式，结合课程内容，围绕爱国和社会主义核心价值观等设计相关主题。

视频的特点之一就是便于保存、易于传播，学生作为主体在参与设计脚本、录制和制作的过程中，能够加深对于课程知识的理解，对于内化认知有着重要作用，也容易调动学生的学习积极性。在参与实践的过程中，可以让学生从理论高度和文化视野，对书本知识、社会现象、价值观进行思考，引导学生利用新媒体手段对相关问题进行关注和讨论。

1. 内容要求

根本课程内容，拟定选题，提出微视频制作的要求。

学生进行分组，以团队的形式自拟题目，自编剧本，进行拍摄。

课堂进行展示。每组在播放视频前进行现场讲解，就制作的内容、意图和主题思想进行阐述。

组织学生撰写总结或心得体会。

2. 教学评价

由课堂现场打分、教师评价、学生自评三个环节构成学生作品的最终得分，并推荐优秀作品参加"思政文化节"展示或者相关大学生思想政治教育类比赛。教师的点评要以课程要求为标准，针对学生作品的核心思想进行解读，让学生在此项目实践教学的过程中实现自我认同和自我发展。学生自评的主要目的是帮助学生进一步加强对作品内涵的认知，调动大学生的参与意识、团队协作意识，并进行深入思考。

六、情景剧

该教学法能够有效解决了思政课教学说服力不强、亲和力不足、感染力不够等问题，符合大学生成长规律、教书育人规律、思想政治工作规律，充分体现了"双主体"的教育理念，通过此实践教学模式，让学生在情景化的教育体验中，通过学生对思政课情景剧内容自选主题，亲自诠释，提升了大学生对思政课教学内容的价值认同，能够增强大学生自主学习思政课的自觉意识，并取得良好的育人效果。

在准备情景剧大赛的过程中，指导教师在情景剧当中可以发挥自己才能，同学们由被动学习变为了主动参与，这种创新教学法解决了思政课教学中"道理深奥"、"理论抽象"的难题，从而提升学生学习思政课的兴趣。

同时可以采取原创诗歌朗诵和微课程相结合的形式进行，原创诗歌与微课程主题相扣。这样学生在表演的过程中，既有微课程展示，又结合歌曲表演、诗歌朗诵，可以充分展现青年大学生的青春魅力。思政课和诗歌朗诵以及歌曲表演结合，可以让每一个学生都能走上舞台，让"每一个青春都有出彩"的机会。高校思政课程要活起来，首先就应有活生生的内容，同学们将老师教的知识以及从课本上学习到的东西演绎出来，也是一种学习方法，这不仅能够加深学生对知识的理解和记忆，还能够丰富思政课的课堂内容和教学方法。

1. 内容要求

作品主题鲜明，符合马克思主义理论的基本观点，能够体现当代大学生对思政课的认识和理解。设计要构思精巧，创意独特，表现新颖，符合当代大学生的思维方式和认知规律，能够运用事例和史实进行综合分析，以理服人。形式和风格要贴近学生，为广大学生所认同、喜爱和接受，突出感染力和吸引力，能够从内心触动同学，引起广泛共鸣。表演时间10—15分钟。

2. 教学评价

由教师评价、学生评委打分构成学生作品的最终得分，并推荐优秀作品参加"思政文化节"展示或者相关大学生思想政治教育类比赛。教师的点评要以课程要求为标准，针对学生作品的核心思想进行解读，让学生在此项目实践教学的过程中实现自我认同和自我发展。评分细则要从以下方面考虑：

主题健康积极，价值观导向良好；创意新颖，构思巧妙；逻辑清晰，具有说服力。

思想蕴含与思政课教学内容相关联；以学生为主题，以展现青年学生的想法为主；情节完整，表演生动。

七、每日播报

以与课程相关的时事问题为出发点，让学生播报当今发生的热点问题，播报后采用研讨的方式对时事、政治形势、价值观取向等进行分析研究。对共同感兴趣的热点问题进行探讨和评论，以此来提升学生的政治敏感度、社会责任感和民族使命感，同时也可以逐步深化知识结构，加深对于课本相关知识点的理解。

1. 教学内容

教师梳理课本上的相关知识点，让学生通过多种途径获得与此相关的时政信息。阅读各类有益的报纸杂志，如《人民日报》、《半月谈》等；收看《新闻联播》、《焦点访谈》等；登陆相关网站，如人民网、央视网、新华网等。

习近平总书记指出媒体工作是一项极其重要的工作。在选择媒体信息平台的时候，教师要引导学生选择权威可信的党报党媒。要培养学生甄别媒介的基本素质，对毫无根据的、虚假的信息有所警惕，学会运用逻辑、数据去验证问题，辨别是非黑白。

学生可以以个人或者小组的形式进行播报，若以小组形式进行播报，要选取具有一定责任心、组织能力、团队协作能力的学生担任组长，并在课堂上代表本小组进行发言播报。播报发言要思路清晰、语言表达流利、突出热点或焦点问题。播报结束后要形成书面文字进行留存。

2. 教学评价

教师根据学生在播报中的表现和形成的文字进行综合评价给出实践环节的成绩，对于以小组为单位进行的学生，要适当区分主要负责人与小组成员的成绩，成绩分为优秀、良好、合格和不合格四个等级。

优秀——主题鲜明，富有时代感；角度新颖，内容充实，有理有据；发言准备充分；书面文字表达准确深刻。

良好——主题明确；内容较为丰富，有理有据；发言准备较为充分；书面文字表达准确。

合格——主题不鲜明；内容不全面；发言准备不够充分；书面文字表达一般。

不合格——主题不明确；内容准备不充分；发言准备不完善；书面文字表达不清晰。

八、模拟法庭

1. 教学内容

模拟法庭，由教师担任审判长，学生扮演陪审员、书记员、公诉人、原告、被告、辩护人、法警等角色，真实再现了对被告人进行审判的全过程。在庭审环节，模拟法庭严格按照刑事案件的庭审程序，分别进行了法庭事实调查、法庭辩论、被告人最后陈述及法庭审判，通过法庭事实调查、举证质证、法庭辩论等环节，全程按法院审判流程真实再现。通过模拟法庭的形式，把实践引入课堂、引入教学，积极调动学生的积极性、参与性、实践性，让学生严守法律的底线，学会用法治思维去分析问题解决问题，这样思政课才能达到可视化的效果。

2. 教学评价

由教师、学生代表共同评分，教师评分占70%，学生评分占30%，最后核定总分。

模拟法庭评分表

案由：

组别：

项目	评分标准	评分
审判程序（共20分）	1. 严格依照诉讼程序法的规定，组织严谨、流畅、无错误（16~20）	
	2. 能依照诉讼程序法的规定，组织较为顺利，无错误。（11~15）	
	3. 以基本上能依照诉讼法的规定，组织松散，无较大错误。（6~14）	
	4. 基本上不能依照诉讼程序法的规定，庭审中出现较大错误。（0~5）	
法庭调查（共20分）	1. 紧扣案件的焦点，举证有力，证据充分，逻辑性强，质证清晰。（16~20）	
	2. 能够围绕案件主要待征事实，举证较为充分，质证较清楚。（11~15）	
	3. 基本上能够围绕案件主要待证事实举证，但举证不充分，质证不清晰。（6~14）	
	4. 对案件待证事实不能把握，证据之间出现矛盾，质证混乱或没有质证。（0~5）	
法庭辩论（共30分）	1. 紧扣案件焦点，针锋相对，立论有据，论证充分，语言流畅，逻辑性强。（20~30）	
	2. 围绕案件主要争议事实展开自己的论点，语言表达较清楚。逻辑性较强。（15~19）	
	3. 基本围绕案件主要争议事实展开自己论点，语言表达较差，逻辑层次不清。（5~14）	
	4. 对案件主要争议事实不能把握，不能阐明所持的基本观点，逻辑层次混乱（0~5）	

项目	评分标准	评分
法律文书 （共20分）	1. 观点明确，条理清楚，用语准确，说理充分，结构严谨，制作规范。（16-20）	
	2. 观点较明确，条理较清楚，用语较准确，说理较充分，制作较规范。（11-15）	
	3. 主要观点表述较为清楚，言语较差，缺乏条理性，制作规范性较差。（6-14）	
	4. 主要观点表述不清，言语混乱，制作不规范。（0-5）	
其他 （共10分）	1.整个庭审过程使用普通话。（0-5）	
	2. 仪态端庄，气质好，着装整齐。（0-5）	

总计：

第二节　依托实践教学基地的教学模式

思想政治实践教育基地是高等学校为开展有效的思政课中关于思想教育、政治教育、爱国主义教育、道德教育和法治教育，而与拥有特定教育资源的单位建立的一种长期的、相对稳定联系的实践教育教学活动场所，主要包括以下活动场所：

历史博物馆。历史博物馆是社会文化的中心，也是对大学生进行思想政治教育的重要场所，是历史文化与民族精神的结晶。在历史博物馆开展实践教学，能够让学生进一步了解祖国的历史和辉煌成就，激发爱国情怀，帮助学生坚定人生观、价值观和家国情怀。博物馆是严肃、庄严的圣地，大量的历史知识印刻其中，通过现场的实践教学能够激发学生对民族历史积淀的崇拜感和自豪感。例如，天津历史博物馆的革命文物有反应周恩来"五四运动"时期活动的相关资料、吉鸿昌烈士遗书，毛泽东在开国大典时所穿服装等珍贵文物资料，这可作为《思想道德修养与法律基础》第三章弘扬中国精神中第二节爱国主义及其时代要求的实践教学内容，这对于加强爱国主义教育，弘扬中国精神起到良好的效果。

革命纪念地。革命纪念地多与重大的革命事件和历史事件相联系，对于大学生的革命传统教育意义重大。例如，天津的盘山烈士陵园、一二·九抗日救亡运动纪念馆、中共中央北方局旧址纪念馆，可作为《思想道德修养与法律基础》第五章明大德守公德严私德第二节当中发扬中国革命道德部分的实践教学内容。

思想政治教育基地。加强大学生思政实践教学基地建设是贯彻落实中共中央、国务院《关于进一步加强和改进大学生思想政治教育的意见》（中发〔2004〕16号）的基本要求。中共中央、国务院在《关于进一步加强和改进大学生思想政治教育的意见》中明确指出："重视社会实践基地建设，不断丰富社会实践的内容和形式，提高社会实践的质量和效果，使大学在社会实践活动中受教育、长才干、作贡献，增强社会责感。"因此，建立和完善思想政治教育基地，开展实践教学活动，是一项政策性极强的活动，有助于大学生理解和巩固马克思主义中国化最新理论成果，培养大学生运用马克思主义基本原理和方法去分析和解决问题的能力，形成科学的世界观和方法论、价值观和良好的道德素质和法律素养。思想政治教育基地是实施思政课实践教学最有效的场所，应作为实践教学的重点。例如，天津海河教育园区思想政治教育实践基地、周邓纪念馆是很好的实践教学基地。

一、建立思想政治教育实践基地的意义

1. 思想政治教育实践基地是大学生思想政治教育的重要载体

思想政治教育是一项教育人的实践活动，教育目标的实现、教育任务的完成、教育内容和教育方法的实施运用等，需要一定的载体。思想政治教育实践基地是大学生思想政治教育的重要载体。

2. 思想政治教育实践基地是搭建教育主体与客体之间的重要桥梁

教育者和受教育者是思想政治教育中的两个主要因素，两者相辅相成缺一不可，否则教育过程不具备完整性。思想政治教育实践基地作为这一过程的综合组织形式，能够成为教师与学生之间的重要桥梁，并为二者的互动提供广阔空间。

3. 思想政治教育实践基地具有相对稳定性

与专业课的实践教育基地相比，思想政治教育实践基地的影响是长期的、是潜移默化的，它是大学生思想道德素质和法治素养养成的一个必不可少的平台，是高校实现思政课实践教学的重要载体。学校与实践基地方必然需要长期的较为稳定的合作关系，只有这样，大学生的思政课社会实践才能有一个相对稳定的场所和平台。

4. 思想政治教育实践基地与思政课实现功能互补

目前，高校开设的几门思政课内容较为丰富，涵盖经济、政治、社会、文化、生态、道德和法律等方面，因此，实践教学基地的建设也应满足这些方面的需要。思想政治教育实践基地应包括道德与法治、爱国主义、革命传统教育等内容。不同的思想政治教育实践基地的主要功能是不同的，因此要发挥不同的作用，实现功能互补。有的实践基地可以折射出国家、社会、时代的基本面貌，是大学生了解社会、了解时代的一面窗口；有的实践基地可以让大学生

把所学的知识能力与社会所需要的知识能力相对照，自觉地将自己塑造成对国家、社会和新时代有用的人才，是连接学校与社会的桥梁；有的实践基地可以为大学生创就业提供充分的资源，是大学生实习的理想场所。只有把不同的基地结合起来，才能充分发挥其育人作用。

5. 思想政治教育实践基地是提升思政课实效性的重要环节

思政课由于课时的限制，教师的讲授只能着重对于重点和难点进行阐述，很难把每一个理论知识都讲的面面俱到，而《思想道德修养与法律基础》的课时相对更少，因此，怎样让学生了解、理解并掌握道德素质和法律素养，让学生的理论联系实际能力得到培养和提升是当前需要思考的问题。思想政治教育实践基地是学生理论联系实际的重要途径之一，让他们置身于场馆、通过图片、事例、史实和现代化的技术手段，通过调查、参观、主体性参与等形式，开拓他们的视野、丰富他们的知识、启发他们的思维，让他们能够对书本知识有深层次的理解。

二、思想政治教育实践基地的目标

1. 思想政治教育实践基地是对新形势下的育人规律进行的深刻把握

思想政治教育实践基地的建设，可以满足学生多层次的要求，回答学生遇到的多元化问题。遵循思想政治教育的基本规律、遵循社会意识形态形成发展的规律、遵循个体思想品德形成发展的规律、遵循思想政治教育过程运行和有效开展的规律，满足学生思想成长多样化、多层次和多阶段的需要。

2. 思想政治教育实践基地是对培育新时代大学生的探索

思想政治教育实践基地注重学生的主体性参与，把调动学生的主体性、主动性和能动性与自我教育结合起来。实践教学基地内容设置的多样性，让每个学生都能够在其中找到满足自身需求的关注点，使不同阶段、不同层次的学生都能够找到适合自己的平台，让学生这一教育课题的主体性充分显现出来，这样思政课的实践教学效果才能更加全面和深入。

3. 思想政治教育实践基地是对新形势下的思政课进行的深入思考

思政课是对于大学生进行思想政治教育的主渠道和主阵地，主渠道和主阵地要通过形式多样、内容丰富的教学活动来开展思想政治教育。思政课实践教学是对传统思政课"一言堂"和"灌输式"课堂教学模式的反思，针对课堂教学存在的问题，要解决理论教学存在的困境，不断对思想政治教育的内涵进行深化，既要保证意识形态的正确性，又要在形式上创新教学方法。思想政治教育实践基地，是实现思政课实践教学的有效载体，也是思想政治教育第一课堂和第二课堂的有效融合的实践桥梁。

三、以天津海河教育园区思想政治教育实践基地为例的思政课实践教学模式

天津海河教育园区思想政治教育实践基地建设主要实现以下三个目标：一是解决学生上课抬头率的问题，增加思政课的吸引力；二是通过"情浸式"教学模式使学生对理论化的知识进一步理解内化，通过情感的激发，情绪的感染，学生在实践和参与中，不断增加思政课的获得感；三是通过实践基地以教学内容为主线的设计和展现，有利于学生建立起更加完善的知识体系，增加理论知识的广度。基地建设内容主要分为"序厅""新时代、新思想""沿红路、寻初心""明明德、晓律法""立匠心、育匠人"等部分。

根植基地实践模式的育人目标回答了"培养什么样的人"问题，这是根植基地育人要首先明确的基本命题。它折射出对基地育人这一实践范畴的哲理思考，体现了思想政治教育育人的普遍性和时代性特点。实践基地的育人目标以社会主义核心价值观的树立作为总目标，与习近平新时代中国特色社会主义思想相吻合，符合思想政治教育学科的教育目标和当前时代发展和人才要求。

（一）天津海河教育园区思想政治教育实践基地的功能

1. 实践教学功能

这是该基地的核心功能。实践育人是思政课教学的重要方式之一。基地坚持理论教学与实践养成相结合，整合天津各种实践教学资源，创新实践平台，独创"情浸式"实践教学法，把学生的课堂从教室扩展到基地，通过情感的激发，情绪的感染，把理论教学变成学生参与，通过基地声光电模图以及各种知识、情景的模拟和再现，使学生全方位、立体化的融入到实践教学环境之中。教师可根据理论内容在基地中找到相应的实践模块，然后进行"情浸式"实践教学设计，进而带领学生在基地内完成实践教学，这个过程教师处于"引导"或"导演"的位置，学生是参与的主体。学生也可以根据日常学习需要在基地内自我实践学习。

基地通过培养招募讲解员、志愿者、创办实践社团等方式，使学生参与到基地讲解、场馆维护，宣传制作等方面的工作之中，达到学习理论，参与实践双结合。

2. 互动体验功能

基地结合思想政治教育特点和思政课内容开发出一系列互动体验设施，包括多媒体互动展示（我和我的祖国部分、新时代新思想环幕部分等）、VR互动教室，抢答对战平台，宣誓台、朗读亭、诚信书屋等，使学生摆脱只听不动的单调课堂氛围，让其参与到课堂互动之中，体会思政课的乐趣，增强思想政治教育入脑、入心的效果。

3. 开放共享功能

基地主要满足天津市各高职院校思想政治教育的需要，为各高职院校提供思政课实践资源共享平台。基地与天津各高校、人民网公开课频道联合开发了面向全国的线上综合性思政教育基地暨海河教育园区"人民数字马院"。通过"人民数字马院"，实现天津各高职院校到基地进行思政课实践教学的网上预约和3D全景网上实践基地的预览和观看。

4. 社会教育功能

基地在满足高职院校思政课实践教学的同时，还可针对社会机关团体、企业事业单位进行宣传教育、党建教育、中国共产党红色历史教育、道德法治教育、工匠精神教育等等。使其得到充分利用，最大化其教育范围和受众，把思想政治教育深入到人民群众之中。

（二）《思想道德修养与法律基础》在教育基地的实践教学

海河教育园区思想政治教育实践基地三层为"明明德、晓律法"部分，该部分主要以《思想道德修养与法律基础》道德和法律部分为主要内容，同时结合实践教学大纲建设完成。主要包括"传承中华传统美德"、"发扬中国革命道德"、"践行社会主义核心价值观"、"明习法度"、"以案为警"、"用法维权"以及"我和我的祖国"互动展示厅七个部分组成。下面以四个实践教学模块为例介绍在实践教育基地开展的实践教学内容：

模块一　成就出彩人生

1. 教学目的与要求

引导和帮助学生运用马克想主义的人生观理论认识和解决人生问题，学会以乐观向上、积极进取的人生态度处理人生矛盾，坚持科学评判人生价值、自觉抵制错误人生观念的影响。分析不同人生态度对生活实践的意义，说明实现崇高的人生目标，应以认真务实、乐观向上、积极进取的态度对待生活。树立正确的幸福观，科学认识和处理得失、苦乐、顺逆、生死、荣辱等人生矛盾。阐明人生价值的科学标准和恰当的评价方法，指出实现人生价值应充分认识主客观条件。深入剖析拜金主义、享乐主义、极端个人主义的实质和危害，指明当代大学生成就出彩人生的正确方向和道路。

2. 教学重点

完成自我审视和自我梳理，树立正确的人生观、世界观和价值观，树立科学的人生理想，以指导自身学习实践，达到知行合一。

3. 参考文献

《习近平在同各界优秀青年代表座谈时的讲话》

《习近平在北京大学师生座谈会上的讲话》

《星星之火 可以燎原》

《弘扬伟大长征精神，走好今天的长征路》

《人民有信仰 民族有希望 国家有力量》

《在实现中国梦的生动实践中放飞青春梦想》

《习近平谈治国理政》

实践任务一：态度定成败

教学建议：

讲身边故事。通过引导学生思考人生，对自己、家人、朋友等面对问题得处理态度、行为和结果为例，分析积极与消极人生态度的行为模式和行为结果差距，引导反思。

设置剧本情景，演绎积极和消极人生，引导反思，树立正确的人生观。从人生态度角度出发，引导学生肯定积极进取的人生态度须认真、务实、乐观、进取。

实践任务		姓名	
事件描述			
结果分析			
自身收获			
备注			

实践任务二：榜样助发展

教学建议：

通过剖析榜样的成长经历和思想状态，分析榜样的人生观、世界观、价值观。通过对榜样人生价值、人生态度、人生目标的思考，反思"我"改如何实践，以榜样的力量助推自我发展。

实践任务		姓名	
榜样故事			
榜样成长经历			

选择榜样原因	
备注	

实践任务三：自省促自律

教学建议：

梳理自我生活状态，结合人生目标分析生活现状，从而有意识地巩固积极方便，改善消极行为状态，调整学习生活积极健康开展。

实践任务			姓名	
作息时间	计划时间功用	现实时间功用	时间行为分析	
7:00前				
7:00				
8:00				
9:00				
10:00				
11:00				
12:00				
13:00				
14:00				
15:00				
16:00				
17:00				
18:00				
19:00				
20:00				
21:00				
22:00				
23:00				
23:00后				
备注				

实践任务四：理想助成长

教学建议：

拟定人生理想，并制定行为计划；以"别样人生"为创作思路，演绎不同状态下人的生活状态和结果，从中体验理想目标的重要性；分析诗歌等作品的创作背景和创作思路，思考"理想"在不同时代的意义和作用，得出理想重要性的结果。

实践任务		姓名	
实践活动策划：			
备注			

阶段性阅读任务一

书（篇）目		作者	
文章来源			
我的报告/心得			

模块二：我和我的祖国

1. 教学目的与要求

帮助学生全面理解爱国主义的基本内涵，科学把握新时代弘扬爱国主义精神的主要内容，引导学生积极弘扬爱国主义精神，自觉维护祖国统一和民族团结。引导和帮助学生树立正确的历史观、民族观、国家观、文化观，理性看待中国社会发展进程中出现的矛盾和问题，增强中华民族的归属感、认同感、尊严感、荣誉感，坚定中国特色社会主义道路自信、理论自信、制度自信、文化自信。正确处理个人利益与国家利益之间的关系，把自己的理想同祖国的前途、把自己的人生同民族的命运紧密联系在一起，主动肩负爱国使命担当、弘扬爱国奋斗精神，拥护党和国家的路线、方针、政策，坚决抵制危害国家安全、荣誉和利益的错误言行，忠于祖国、忠于人民，做新时代的坚定爱国者。

2. 教学重点

坚定文化自信，增强中华民族的归属感和荣誉感，提升家国情怀，做新时代好青年。

3. 参考文献

《习近平在纪念毛泽东同志诞120周年座谈会上的讲话》

《要有高度的文化自信》

《习近平在庆祝改革开放40周年大会上的讲话》

《大力弘扬伟大爱国主义精神　为实现中国梦提供精神支柱》

实践任务一：说一说咱家乡好

教学建议：

（讲）围绕爱国主义的基本内涵展开，通过对祖国的大好河山、灿烂文化等方面的详细讲解，提升对自己家园及民族文化的归属感、认同感、尊严感与荣誉感。

实践任务		姓名	
说一说咱家乡好：			
备注			

实践任务二：爱国故事大家演

教学建议：

选取爱国故事编纂剧本，通过演绎体会和感悟中国精神的力量，即以爱国主义为核心的民族精神和以改革创新为核心的时代精神。

剧本名称：	
参加人员：	
故事脉络：	
备注	

实践任务三：爱国作品大家颂

教学建议：

分析诗歌等作品的创作背景和创作思路，体会爱国主义主旋律，激发爱国热情和民族精神。

作品名称：	
参加人员：	
作品分析：	
参演感受：	
备注	

实践任务四：做忠诚的爱国者

教学建议：

以主题演讲的形式，自拟演讲稿，剖析爱国者的品质，践行爱国者的行为，为青春远航指明实践方向。

演讲题目	
主讲人员	
演讲稿：	
备注	

阶段性阅读任务二

书（篇）目		作者	
文章来源			
我的报告/心得			

模块三：扣好人生的扣子

1.教学目的与要求

在科学掌握社会主义核心价值观内容和意义的基础上，深刻阐述积极培育和践行社会主义核心价值观，是大学生提高思想道德素质和法律素质、成为担当民族复兴大任的时代新人的根本要求。引导和帮助学生认识青年的价值取向，深刻认识社会主义核心价值观的力量，自觉坚定价值观自信，提升文化自信，传承红色基因，科学把握"勤学、修德、明辨、笃实"的具体要求，努力把社会主义核心价值观内化为自己的精神追求，外化为自觉的实际行动。

2. 教学重点

明确价值取向，扣好人生的第一粒扣子，把人生价值追求融入国家和民族事业，始终站在人民大众立场，与祖国同行，努力成为中国特色社会主义事业的合格建设者和可靠接班人。

3. 参考文献

《培育和弘扬社会主义核心价值观》

《青年要自觉践行社会主义核心价值观》

《关于培育和践行社会主义核心价值观的意见》

《为人民服务》

实践任务一：价值观之我谈

教学建议：

通过学习，结合自身讲述对社会主义核心价值观的理解，指明自身价值观的状态，并自查是否与核心价值观同向。

实践任务			姓名	
对社会主义核心价值观的认识：				
对自身价值观的评价：				
备注				

实践任务二：中华优秀传统文化中的价值观

教学建议：

通过剖析中国优秀传统文化或演绎中国优秀传统故事，体会社会主义核心价值观的传承与发展。

传承故事	
讲述 （演绎）人员	
故事概述：	
故事中的价值观：	
备注	

实践任务三：传承红色基因

教学建议：

通过对中国革命故事或革命时期作品的演绎，体验个人价值追求同国家民族事业的关系，坚定人民立场，为实现中国梦凝聚青春能量。

传承故事	
参与人员	
故事概述：	
分析革命时期的价值观：	
备注	

实践任务四：新时代好青年自画像

教学建议：

通过定义"新时代好青年"的自画像，反思做中国新时代青年应具备的品质，应践行的行为，为指导学习生活确立方向，锻炼自己成长为勤学、修德、明辨、笃实的社会主义建设者。

"新时代好青年"自画像	
画像人	
备注	

阶段性阅读任务三

书（篇）目		作者	
文章来源			
我的报告/心得			

模块四（教师自拟）：根据实践教育基地中的内容自选

1. 教学目的与要求

_____

_____

2. 教学重点

_____

_____

3. 参考文献

_____

_____

实践任务：

实践任务	
参与人	
任务内容：	
备注	

阶段性阅读任务四

书（篇）目		作者	
文章来源			
我的报告/心得			

第三节　依托社会实践的教学模式

开展大学生的社会实践活动，是加强高校思想政治教育工作，促进大学生素质教育的重要举措，是在新时代贯彻理论教育与实践锻炼相结合的原则的有效途径，也是进行思政课实践教学的有效途径。

思政课的社会实践教学是思政课教育教学活动的重要组成部分，旨在引导学生理论联系实际，让他们能够去关注社会和现实，了解国情、民情和社情，了解我国经济、政治、社会、文化和生态方面所取得的伟大成就，培养他们良好的道德品质，增强社会责任感，具备法治素养，能够与书本上学到的知识去思考和分析问题，实现自身的全面发展，成为具备良好素质的勇担民族复兴大任的时代新人。

在进行社会实践教学模式的过程中，要遵循思政课的教学特点与学生实际相结合的原则、启发自觉与自我教育相结合的原则、为人民服务与社会实践相结合的原则。社会实践教学活动主要包括：社会调查活动、社团实践活动等。

一、社会调查活动

开展社会调查，有助于大学生树立正确的世界观、人生观和价值观，有助于大学生检验所学知识，有助于调整和完善知识结构，提高其适应社会的能力，同时也有助于学生更深入参与其他校园内外的社会实践活动。

思政课的社会实践调查与其他学科相比，专业性并不是非常强，大多是对一些公众比较关心的问题或身边发生的社会热点问题进行调查分析，学生可以采取以下方法进行社会实践调查：

问卷法。问卷设计、样本选取、资料搜集、信息分析形成一个完整的流程。比如在问卷的设计过程中，要保持正确的价值取向，要做到实事求是，设计的问题要客观，不能具有诱导性。在选取样本的时候，要能够选取适合数量的样本，根据样本的性质选择适合的抽样方法。回收问卷之后，要对问卷的真伪进行辨别并做好数据分析。

访谈法。在进行访谈前，学生要做好充分的准备，要熟悉书本上的相关知识点，要了解近期发生的事件或相关政策，在进行访谈的时候尽可能全面记录访谈的内容和信息，后期进行整理。

观察法。思政课的社会实践教学所涉及到的观察法与实验室中观察法不同，因为大学生还处在思维转型的过程中，因此要在教师的指导之下对观察对象有初步的认识，形成初步的印象，制定观察记录表，并能够主动发现预想以外的问题，尽力对观察对象有全面的认识。

《思想道德修养与法律基础》的社会实践调查，可从以下题目着手：

1. 当代大学生信仰及人生追求的调查与分析

2. 社会诚信度现状及其影响调查

3. 关于大学生偶像崇拜现象的调查与报告

4. "青年志愿者"发展状况和影响调查

5. 从人才招聘会感受当新时代大学生择业理念的变化

6. 当代青年国家民族意识与爱国情怀的调查

7. 新时代大学生的网络道德建设调查

8. 天津市居民业余文化生活调查

9. 新时代青年的婚恋观调查

10. 新时代青年社会主义核心价值观的调查

11. 新时代青年对中国周边安全问题的关注和看法调查（朝鲜、南海、台湾问题等）

12. 新时代青年法制观念的调查

13. 大学生对《思想道德修养与法律基础》课的学习态度调查

14. 新时代青年的人生观调查

15. 对于中华传统文化的调查

二、社团实践活动

高校的社团是大学生立足校园走进社会，基于共同兴趣爱好，按照一定的章程所构建的组织。多样化的社团活动不仅渗透着思想政治教育的内容，而且更容易被学生接受，成为校园文化和社会实践的主流。将社团实践活动作为思政课实践教学的重要载体，让两者有效结合，是增强思政课时效性的有效途径。

学生社团活动与《思想道德修养与法律基础》实践教学的共同之处在于，两者价值观念相通，都是通过活动，让大学生明确人生目的、端正人生态度、实现人生价值，从而提升个人修养，形成完善人格；两者的教育方式相似，都是通过学生亲自参与活动，主体意识得到提升，这有助与锻炼他们的思维，提升他们分析问题、解决问题的能力；两者培养目标一致，都是通过实践活动，让学生了解社会、认识国情，坚定理想信念，增强社会责任感和使命感。

1. 依托理论学习型社团的实践教学

理论学习型社团主要以马克思主义理论为指导，以党的科学理论为依托，其社团学习内容和活动方式与思政课实践教学的目的一致。通过社团活动将书本上抽象的理论知识内化于心，成为坚定理想信念、提升理论素质、道德素质和法律素质的良好平台，这与思政课实践教学的要求相一致，因此理论学习型社团成为了思政课的有效延伸。

教师应以理论学习型社团为切入点进行实践教学，也可以作为社团的指导老师参与社团活动。例如，《思想道德修养与法律基础》中绪论部分"我们处在中国特色社会主义新时代"可以作为理论宣传内容，第一章中的人生观问题可以作为主题辩论内容，第三章中的做忠诚的爱国者、第四章中的社会主义核心价值观、第五章中的遵守公民道德的准则可以作为情景剧的内容，坚持以学生喜闻乐见的形式来吸引他们，可以在学生中起到示范作用。

2. 依托志愿服务型社团的实践教学

志愿服务型社团以爱心、奉献、服务为宗旨，关注社会热点问题和弱势群体，通过志愿者服务、爱心奉献、社会调查等形式开展社团活动，体现了当代大学生的服务意识，能够营造良好的社会氛围。

此类社团的活动宗旨和思政课实践教学的目的相一致，《思想道德修养与法律基础》第五章中的所涉及的中国革命道德——全心全意为人民服务也是志愿服务型社团的宗旨，两者的紧密结合有助于促进学生优良品格的形成。在组织社团活动的时候，同时可以开展思政课实践教学，同学们可以去敬老院和特殊学校陪伴老人和儿童或是捐出自己的零用钱，还可以去工厂、农村和社区去参加社会实践，结合自己的专业知识传播道德、法律等内容，这样不仅可以开阔学生的视野，还可以锻炼学生的实践能力，让更多的学生热心于公益事业。

将社团活动纳入思政课实践教学的考核体系当中，在弘扬中华传统美德的同时，也提升了学生的素质。

3. 依托专业知识型社团的实践教学

专业知识型社团以培养专业知识和技能为目标，让学生将所学专业知识运用到实际当中并成为全面发展的新时代人才，这与思政课实践教学的目的是相一致的。学生通过社团活动可以进一步加深对自己所学专业和未来要从事的行业的了解，培养专业兴趣、提升专业技能，培养团队合作意识和创新精神，这与《思想道德修养与法律基础》第五章中的职业道德和第三章中的改革创新是时代的要求内容相吻合。因此，思政课的实践教学可以开展职业道德、职业精神、创新创造为内容的主题活动，这样让学生得到锻炼的同时，也可以带动专业知识型社团活动的开展，实现两者的有效融合，培育学生的职业精神和工匠精神。

4. 依托文体活动型社团的实践教学

文体活动型社团是以提高学生身心素质、个人修养、文化情操为目的的社团组织。这与思政课实践教学培养学生综合素质的目标是一致的，因此利于教师开展实践教学。在实践教学的过程中，以"讲、演、诵、唱"的形式组织学生开展活动，例如《思想道德修养与法律基础》第三章弘扬中国精神就可以用这样的方式加深学生对爱国主义科学内涵的理解，这样学生的才能得到展示、情感得到升华、有利于综合素质的提升。

5. 依托"三下乡"活动的实践教学

"三下乡"活动，就是将科技、文化、卫生送到乡下，为农业、农村和农民服务。目前可以在学生寒暑假期间，开展形势政策宣讲、科技支农、文艺演出、法律援助等形式，带领学生走进农村，了解社情，这也是思政课开展实践教学的方式之一。

大学生将知识转化为能力，将本领回馈于社会的有效途径就是亲自参与社会实践，依托于社团实践活动的思政课实践教学，为学生搭建了桥梁。

除了依托于思政课课堂的教学模式、依托实践教学基地的教学模式和依托社会实践的教学模式外，网络实践教学也是提升思政课实效性的有效方式。网络实践教学主要包括：（1）网上阅读实践。构建思政课实践教学网络平台，可以依托于人民网数字马院、超星学习通、爱课程等平台建立在线学习、互动问答、直播、测试、在线评价等方式进行学习，让学生阅读经典、观看视频、学习时政，并设立相应考核机制查看学习时间和检测学习效果。同时要不断丰富思政课实践教学网络平台的内容，可以建立红色革命资源、图书馆、博物馆、纪念馆等网站的链接，这样解决的出行的安全问题，也可以反复观看。（2）网上调查。一方面可以对于实践教学中存在的问题与学生进行及时沟通，了解学生的思想动态；另一方面，可以让学生充分利用思政课的学习平台对于相关社会热点问题或社会实践进行调查，这是传统实践教学所无法达到的，具有新颖性。（3）网上论坛。贴吧、BBS论坛等是大学生进行交流的重要场所，在这可以了解学生的思想动态，因此网络实践教学也要充分利用这一平台。教师要积极关注论坛上的话题，把握主旋律，对于学生进行正确的引导，设置一些与思政课实践教学相关的话题引发学生讨论。这样一方面强化了学生在网络生活中的人际交往和社会参与能力，另一方面也发挥了高校思政课的育人功能。网络实践教学的运用也是对于《思想道德修养与法律基础》第五章中的网络生活中的道德规范的运用。

第四章 思想道德修养与法律基础实践教学运行

　　《思想道德修养与法律基础》的开设与教学实施对于培养学生正确思想观念，培养道德品质，引导学生树立法律意识，掌握法律基础知识成为满足社会需求的高素质人才，起到重要作用。课程"理实一体"化的实现，能够帮助学生进一步理解掌握课程相关知识点，在社会生活中熟练应用《思想道德修养与法律基础》所学知识解决实际问题。因此在教育教学过程中，怎样将本书上的理论知识与实践教学相结合，创新实践教学模式是需要思考的问题。

第一节　多种联动共振的实践教学方法

思政课要想实现良好的教育效果，就要依靠教学方法的不断改革和创新。教学是由教师和学生共同组成的活动过程，有交流就会产生共振。

多种联动共振的实践教学方法就是在教学过程中营造师生融洽、合作的氛围，以心理学、教育学、学习法、信息法、实践法和系统论等为基础，以学生的自主学习和独立思考为手段，强调教师和学生在思维、情感和信息方面的协调同步，达到共振的效应。多种联动共振的实践教学方法通过思维共振提升教师与学生之间的思维交流效率，通过情感共振消除教师与学生之间的沟通障碍，通过信息共振实现教学资源的共享，通过环境共振提供学生学习的虚拟场景，通过实践共振有效提升教学效果。多种联动共振的实践教学方法摆脱了传统意义上教师个人作为理论知识的讲授者，在实践教学的过程中，可以有效提升思政课的时效性，深化学生对于知识的理解。

一、多种联动共振的实践教学方法的理论基础

1. 情感共振

所谓情感共振是师生在教学过程中情感的高度一致性，共同以积极的心态处于愉快、兴奋的状态中。课堂教学既是知识传授的过程，又是复杂的心理活动过程，一些非智力因素参与学习活动，会直接影响学生的学习效果。在教学共振的过程中可以增加师生双方的接触和了解，有助于培养互信互助的情感教学氛围，对于提升教学质量有着极为重要的作用。

2. 思维共振

所谓思维共振是指为全面提高学生素质，培养学生良好的思维个性、思维品质及创新思维能力的教学模式，其核心是构成两次共振。第一次共振：设疑启思、释疑激思、精讲促思、归纳提思；第二次共振：质疑反思、实践创思。思政课是培养学生思想政治素质的主渠道，课本教材是培养学生的主要依据，教学模式会影响教学目标的达成度，在思政课的教学改革中，运用思维共振的

实践教学模式有利于培养学生的政治素质。此种教学模式注重对学生能力的培养，在教师的帮助下让学生发现知识并获得发现的乐趣和能力，在思维层面上达到教师与学生的思维共振。

（1）设疑启思、释疑激思、精讲促思、归纳提思

受传统教育模式的影响，教师的教和学生的学都以考试为中心，容易形成理论与实践两张皮，形成学生被动接受知识的模式。

思维共振的第一步是教师把每一章节需要掌握的知识点结合学生的原认知结构或当前社会热点问题，梳理成若干问题进行设疑，启发学生进行思考，通过自学形成解题思路，这就是设疑启思。设疑内容起到承上启下的作用，是非常关键的一步教学程序，设疑是否得当关系能否顺利地完成教学目标。第二步，在此基础上进行小组讨论，发表见解，派代表在课堂上表明观点，教师给予适当的引导和点评，激发学生思考，这就是释疑激思。第三步，学生充分表明观点后，教师将学生的认知状况与教材结合，进行引导式的精讲并引发学生思考，为学生搭建框架进行铺垫，就是精讲促思。第四步，学生经过自学、独立思考、交流和教师引导，能够基本解决老师提出的问题并进行归纳，提高认知水平。教师进行总结，帮助学生弥补知识缺陷，达到正确认知，这就是归纳提思。在此思维共振模式下，在从教师提出问题到学生解决问题的过程中，逐步使受教育者与教育者发生共鸣。这样有利于加强学生对基本理论、基本观点的理解，能够达到理论联系实际的目标。

（2）质疑反思、实践创思

辩证思维能力是新时代大学生应具备的基本素质，培养学生的辩证思维能力是思政课的重要教学目标之一。辩证思维能力指在掌握一定的基本理论、观点基础上对各种复杂问题能够进行多视角思考，进而得出比较全面的而不是片面的，对事物本质的认识以及解决问题的能力。质疑反思是让学生能够地将已有结论进行具有批判性的再思考，从多角度进行论证性。教师要引导学生多多角度思考问题，实现其知识向能力的转化。

思政课不仅要求学生掌握马克思主义的基本观点，还要让学生将这些基本观点转化为分析问题解决问题的能力，更重要的是转化成自觉的行为。知行统一是衡量一个人政治素质高低的根本标志。通过实践创思教学使学生能够综合地运用知识解决问题或有所发现有所创造。实现教与学第二次思维共振，由学

生提出问题或教师引导学生提出问题，到学生解决新的问题，使学生辩证思维能力、知行统一的能力不断提高。

3. 信息共振

所谓信息共振是指教师在教学过程中与学生发生的信息交流过程。通过信息交流，有效地将所涉及的概念、原理和方法，以及学生在实践后所获得的信息进行交换，达到共振的目标，对于提高教师的教学水平和学生的学习效率具有重要的作用。

4. 环境共振

所谓环境共振是多种联动共振教学法中比较重要的一个环节。它具有两层含义：一是营造虚拟情境，让教师和学生共同处在环境中，达到情感、思维、信息的协调同步，这对学生把握书本上的相关知识点，积极思考，培养协作和创新精神具有重要意义。二是与周围环境的情感、信息交流，和谐、友好的外部环境是提高学习效率的重要保证。

5. 实践共振

所谓实践共振是要求学生广泛地参与教学活动，培养学生的创新精神和创新能力。实践出真知，教师在教学过程中要对学生放得开，要为学生创设自己动脑、动手、亲自参与实践的条件和环境，使学生真正成为学习活动的主体，这样才有可能达到创新。

二、多种联动共振的实践教学方法的实施

多种联动共振的实践教学方法是一个循环往复、层层推进的教学过程，学生的全程参与性和教学过程的多因素性相互作用、相互协调，达到共振的效果是其区别于其他教学模式的主要特征。主要包括教学准备、教学实践和教学评价。

教学准备是多种联动共振的实践教学实施的基础性环节，是对学生学情、教学目标、教学内容的分析和研究，以期通过充足的准备和交流达到师生间情感与信息的相互交融，从而有效提升教学质量；课堂教学是在教学准备的基础上，有针对性的教学实施过程，是集情感、思维、信息、环境、实践为一体的多维教学活动；教学评价主要进行学生评价、教学信息反馈和教学反思，是提升教学水平的重要环节。

1. 教学准备

教学准备阶段是实施多种联动共振的实践教学的组织阶段，是对学生个体差异性分析、确认案例教学的主体内容和准备教学方法的重要环节。首先，分析学生特征，确定教学起点是教学准备的初始环节，是对学生特征的总体把握。在此阶段，教师要积极与学生沟通，以培养互信、互助的新型师生关系，促进情感共振的产生。第二，分析教学任务、明确教学目标。针对学生群体的差异性，制定不同的教学侧重点，把握因材施教的教学原则，这是保证教学成功的重要工作。第三，分析教学内容、设计选择案例。从心理学角度来看，教学过程是教师与学生进行思维、信息交流的动态过程。多种联动共振的实践教学方法着重强调的是教师在教学内容上与学生的互动与沟通，只有这样才能充分调动学生的学习积极性，从而有效提升教学内容对学生的信息刺激强度，提升教学效果，促进信息共振与思维共振的产生。第四，讨论教学方法、设计教学步骤。多种联动共振的实践教学方法的一个重要思想就是强调学生是教学中的主体。就"学"的本质而言，它始终是学生自身的认知过程。因此，教师采取的方法如果得不到学生的认同就无法取得良好的教学效果。因此，多种联动共振的实践教学方法着重强调了学生在确定教学方法上的重要作用。教师只有在充分了解学生需要的基础上，采取与学生认知相吻合的教学方法，才能真正实现"教"与"学"的统一。

2. 课堂教学

课堂教学是实施多种联动共振的实践教学的核心环节，是集情感、思维、环境、信息、实践为一体的教学过程。能否营造一个情感融洽、思维活跃、参与实践、环境和谐的学习氛围是影响教学成败的重要因素。

首先，学生进行分组。学习论认为，在合作性学习、竞争性学习和个人学习中的学习模式中，合作性学习的效果最好，是因为有助于学生的主体参与和协作精神的培养。因此，构建以协作为主要特征的学生团队，有助于提升教学效果，促进学生交流信息、达成思维共识。在进行分组的过程中，教师对学生行为、思维模式有了进一步的认识，增进了师生间的相互了解，信息共振和情感共振随之产生。其次，情境模拟与讨论。现代心理学认为，学习从开始的信息输入到认知过程的记忆，都会受到外部环境的有效刺激和主体主动性思维的影响，因此通过构建情境，加强环境对学习的主体性刺激，有助于提高信息输入强度、促进学生主动性思维。例如，根据不同的知识点在是实践教育基地选取相应模块，让不同的团队扮演不同的决策主体，通过预先设置好的问题，促使决策矛盾的发生，让学生产生身临其境的感觉，达到教学环境共振的效果。可以分为设疑、归纳、解疑、反思四个环节。设疑是教师提出具有引导性的疑问，启发学生主动性思维的学习过程；归纳是通过组内讨论的方式，促使学生进行协调思维，实现共振效应；解疑是在小组讨论的基础上，针对学习存在疑惑的地方进行全面研讨的过程，它通过轻松愉快的外部环境进一步加强对学生的环境刺激强度；反思是对现有结论的发散性思维，让学生从不同角度对获得的知识进行认知过程。再次，分析与研讨。理论研讨是学生从形象思维到逻辑思维、从主观到客观，全面提升的阶段。通过营造和谐的学习氛围，是进一步实现师生之间信息交流的重要保证。最后，引导学生创新。创造性思维是对学习内容的创造性再思考，教师要因材施教，有针对性的进行差异化教学，并在此基础上，对教学中出现的问题进行认真的归纳和总结。

3. 教学评价

教学评价阶段既是多种联动共振的实践教学的结束也是新一轮教学的开始。强调学生在评价过程的主体性参与，改变传统的"一言堂"评价模式，通过学生自评、组内互评、教师测评相结合的多种评价方式，形成一个公平合理的评价体系，实现师生间的情感协调，不断提升教学质量。同时，通过学生自我评价过程，找寻教学中出现的问题，及时调整和改进教学环节，将不同阶段、不同环节的教学信息与内容进行多向传递，从而实现良好的多种联动共振的实践教学机制。

在实施多种联动共振的实践教学方法的时候，还应注意以下问题：第一，对于知识点和教学重难点容易理解的章节内容，以《思想道德修养与法律基础》为例，第二章坚定理想信念——理想信念的内涵及其重要性、第三章弘扬中国精神——爱国主义及其时代要求、第五章明大德守公德严私德——吸收借鉴优秀道德成果，可以以学生自学为主，提出不理解的问题，在教师的帮助下进行归类和梳理，对于相关知识点进行把握。第二，让学生尽量做到每节课前和教师一起备课，例如第四章践行社会主义核心价值观，可以让学生在自学的基础上，进行校园采访拍摄相关视频，了解新时代大学生对于社会主义核心价值观的认知状况，教师在授课的时候可以根绝调查结果有针对性的进行讲解，这样有助于提升教学效果。第三，让学生广泛搜集资料，第三章弘扬中国精神的每一节都涉及爱国，可以让学生广泛搜集报纸、杂志、新闻、广播、电视和网络的资料，制作手抄报并进行展示。第四，进行社会调查采访。例如，第五章明大德守公德严私德涉及的社会主义道德、社会公德、职业道德、家庭美德和个人品德等方面，通过调查学生可以了解人们对于道德的看法；第六章尊法学法守法用法涉及的宪法和法治思维等问题，通过调查学生可以了解人们的法治观念，这样这有助于提升学习的积极性主动性，也有利于锻炼学生的思维，培养创新精神。

第二节 "情浸式"模块化实践教学

一、"情浸式"实践教学法

"情浸式"实践教学法，是一种寓教于乐的教学方法，这种教学方法把课本知识与实践相结合，创造一定的情境，能够让学生在潜移默化中接受知识，让思政课真正的发挥育人作用。

"情浸式"实践教学法，是指老师根据课堂教学目标和教学内容，考虑学生实际情况的情况下，设置特定的生活化、社会化、历史化的具体情境，让学生进入其中，达到教育目的的一种教学方法。在思政课教学的过程中，根据学生实际情况，因材施教，构建故事情境、问题情境、角色情境、辩论情境等在特定场景中适合引用一些情境，进而帮助学生发现学习中的乐趣，让他们能够真正的将书本上的知识内化于心、外化于行。

分组式的"情浸式"实践教学法是天津现代职业技术学院思政部进在思政课改革创新方面进行的探索。通过思想政治教育实践基地现有的思政课模块化教学内容，运用实践基地实践、实验性的教学设备和声光电模图的"情境"化场景氛围的营造，使学生在经过了理论课堂知识的学习和认识后，将理论教学中的重点和难点形成实践教学模块化内容，学生在对一定理论知识认识的基础上，通过学生自身主体性的参与和实践，对理论知识形成更加理性的认知和价值的认同从而形成内心稳定的知识体系。课前，按照所选取的实践教学环节经将学生进行分组，并针对不同的任务下发实践任务和作业。主讲教师和专职实践教师共同组成实践教学团队，每个实践教学小组分别由一位教师负责教学指导，学生可以充分利用实践基地的教学资源，在各自的小组里同时进行展示交流活动。每个环节即将结束时由教师进行实践教学总结和提炼，从而完成一个环节的实践教学课任务。每组学生结束相关的一个实践教学环节后进行互换，直至所有实践环节全部完成。每一组的老师既是"引导者"又是"导演"，密切关注学生在实践分享中围绕教学主题的认知体验，使学生通过"情浸"化的教学方法在全员参与中感受到思政课的有理、有情、有趣。通过情感的激发、情绪的感染，让学生参与到教学当中成为课堂的主人，借助声光电模图以及各种知识、情景的模拟和再现，让学生全方位、立体化的融入到实践教学环境之中，进而达到入脑、入心的实践效果。

二、"情浸式"实践教学法在思政课教学中的重要意义

1. 调节理论知识与实践的关系

传统的思政课教学往往采用"一言堂"或者填鸭式的教学手段，将课本的理论知识灌输给学生。在学习初期，学生对于知识只是简单的理解，而老师要求学生能够做到举一反三和学以致用，这种教学方法无法给学生充足的时间来消化所学知识，往往教学效果不好。另外，传统的思政课教学采用直入教学内容主题的方法提问学生，这时，学生往往都是被动的学习和思考。

《思想道德修养和法律基础》的课程内容与学生实际生活十分贴近，但需要一定的思维能力才能够理解书中所蕴含的真谛，如果运用传统的教学手段，不便于学生深刻理解，容易造成课本理论知识与实践相脱节的局面。因此，"情浸式"实践教学法的运用，能让抽象的理论知识在具体形象的情境下变得生动易懂。在知识的梳理过程中，适当组建教学情境，选取学生容易理解的案例，并适时地抛出一些问题，引发学生思考，这样才能让学生在轻松愉悦的氛围下进行学习，真正做到理论联系实践，达到更好的教学效果。

2. 提升教师的教学能力和水平

如果教师具备良好的教学能力和水平，也能够有效提升教学效果。教师应具备良好的个人修养，不断提高个人综合能力素质，因为教师的一言一行都在影响着学生。随着科技的发展，信息技术的为实施"情浸式"实践法提供了有效支撑。思政课教师应该与时俱进，能熟练利用各种教学媒介，确保"情浸式"实践教学法的实施。新时代的大学生受各种是社会思潮和环境的影响，主体意识不断增强，教师要想更好地引导学生，不仅需要扎实的理论知识，还要具备优秀的管理能力，只有这样才能确保情"情浸式"实践教学法在高校思政课中的有效实施。

3. 激发学生对思政课的学习热情

传统的教学方法，往往无法有效调动学生学习的积极性，思政课中的一些

知识点不易理解，学生还没有步入社会，缺乏足够的人生阅历，无法深刻理解课本知识，在实际教学中，仅凭教师直接讲授，不能使学生真正掌握知识。而"情浸式"实践教学法，由教师创设出与教材相吻合的教学情境，使课堂变得生动有趣，让学生置身于构建情境当中，便于诱发学生的学习兴趣和探求真理的欲望。平等、愉悦的课堂，师生共同参与的教学活动，才是学生最欢迎的。

4. 提升思政课的教学实效性

教师要想在教学过程中合理运用"情浸式"实践教学法，就必须深挖教材和社会资源，将教材分成若干专题，将书本知识、生活中发生的案例、能够促进学生学习思政课的资源有效结合起来，进行归纳总结呈现给学生，这一过程对提升理论课教学实效具有重要作用。

《思想道德修养与法律基础》来源于现实生活，本书内容看似简单但其实具备一定深度，教师须具备一定的人生阅历，否则难以深入挖掘其中的深奥道理，也无法真正给学生讲明白。传统的课堂教学方法容易造成书本理论知识和实践相脱节。"情浸式"实践教学法根据整个课程教学目标，从学生自身能力和身心发展规律出发，在寓教于乐的过程中，能够有效将理论和实践相结合，把学生的实践经验运用于知识的学习。同时将知识变得浅显易懂，降低了教材的难度，有效提升教学效果。

三、"情浸式"实践教学法在思政课教学中的实施

（一）课前创设情境的策略

1. 以教材为依据创设情境

"情浸式"实践教学法是建立在课本的教学内容基础之上的，以思政课的教学内容作为立足点。如果单纯的为情浸而情浸，不利于学生抓住课程内容重点，不利于对相关知识点的理解。

与专业课程不同，高校思政课使用统一的马克思主义理论研究和建设工程重点教材，这是教师展开教学最重要的依据。教师想要上好每一堂课，就要吃透教材，牢记教学目的，具备综合素质能力。只有教师真正掌握基本技能，才能够构建出适当的课堂情境。同时，从社会、历史、哲学等各个领域引入实证材料，推理出科学的理论观点，也是教师必须具备的能力。为保证在课堂上所创设的情境合理，教师必须充分理解教材体系和教材内容。

2. 以学生为中心创设情境

习近平总书记说："思想政治工作从根本上说是做人的工作，必须围绕学生、关照学生、服务学生，不断提高学生思想水平、政治觉悟、道德品质、文化素养，让学生成为德才兼备、全面发展的人才。"

"情浸式"实践教学法是以学生为中心，立足学生自身状况，注重培养学生对于具体事物的理解能力。"情浸式"实践教学法的有效开展，要以学生的认知水平为基础，而如何准确把握学生对某一事物的认知水平，需要教师进行一定的学情分析。"情浸式"实践教学法秉承让学生由被动转化为主动学习的教育理念，支持学生在课堂上积极的表现自己，以自由讲、演、诵、唱等表达方式在课堂上陈述自己内心最真实的想法。在表现自我的过程中难免会出现思路方向上的偏离，这时教师就要进行正面引导。教师要换位思考，站在学生的角度思考问题，不能摧毁学生自信心和打击他们的学习积极性，只有这样才能达到良好的教学效果。

3. 以生活为依托创设情境

只有通过构建真实的情境，让学生置身其中，才能真正理解和掌握所获得的知识和技能，才能解决学习和生活中出现的问题。让学生利用所学知识，通过对周边事物的联系来加深对于理论知识的理解，并用所学知识去认识问题、分析问题、解决问题，从而达到良好的教学效果。

上好思政课的前提是保证每位学生能够真心喜爱和接受这门课程。教学实践活动没有一成不变的模式，思政课不仅要做到切合时代特点、结合教材内容，还要以生动活泼的艺术形式来展现现实生活，并借鉴其他专业的理论和实践经验。教师在营造情境时，必须要激起学生对该课程的学习渴望，巧妙的进行教学设计，结合学生喜好，紧扣教学内容，这样才能够发挥"情浸式"实践教学法的作用。

（二）课中实施情境的策略

1. 设置问题情境，激发学生思考

问题情境是"情浸式"实践教学法中最常用的方法，一般会结合其他情境方法一起使用。教师抛出问题，活跃学生的思维，激发学生对知识的渴望，从而引发求知欲。设置问题情境的目的就是为了激发学生学习的趣味性和求知欲，进而实现学习目标的达成。

在"情浸式"实践教学法中设置问题是关键环节。一方面，教师在备课时要分析学情，巧妙设计问题，让学生的思维能够紧跟知识脉络；另一方面，可以用提问的方式推进学生的思考进，使学生的思维朝着教师预期的方向发展。问题的设置，是让学生积极参与教学活动，调动课堂气氛的有效途径，也是课堂教学活动顺利实施的关键。例如，在讲授《思想道德修养与法律基础》第三章弘扬中国精神——爱国主义及其时代要求内容时，可以引用张伯苓的爱国三问依次进行教学活动。问题情境一：你是中国人吗？问题情境二：你爱中国吗？问题情境三：你愿意中国好吗？通过三个问题的设置引发学生思考，如果是中国人、爱中国、愿意中国好，回望历史展望未来，那么就改掉自私狭隘的毛病，为国家为公团结起来，激发学生的爱国热情。通过一系列的情境，帮助学生从简单到复杂，由现象到本质，一步步深入思考和探究，培养学生的逻辑思维能力。

2. 塑造角色情境，引发学生共鸣

通过角色扮演而营造的教学情境，比较真实和直观、实践性强，容易引发学生的情感共鸣。让学生理解和分析他们在教学开展过程中自己所扮演的角色，帮助他们形成正确的社会行为和价值观。同时，学生的社会认知水平和解决实际问题的能力也能得到锤炼和提高。就实际教学情况而言，一般可采取两种策略：一种是复述教材内容，在教学过程中，让学生进入到课本的角色中，按照课本规定的情境，陈述课本内容。另一种是情境再现，让学生依据教材内容，营造一个相仿的情境并进行角色扮演。总之，组织学生以角色扮演的形式进行教学活动，在一定程度上调动了学生对思政课的学习积极性，对提升教学效果也就一定作用。

塑造角色情境，可以运用小品或者话剧等艺术形式去进行情境再现。例如，《思想道德修养与法律基础》第二章坚定理想信念——人生价值的评价与实现，可选取黄文秀的例子，排练黄文秀到乐业县百坭村开展扶贫攻坚乡村振兴工作驻村第一书记，带领当地群众脱贫致富奔小康，给当地的土特产开辟了一条销售渠道，还帮助当地群众建立产业链。但在一次返回乐业途中遭遇山洪灾害不幸遇难，献出了年仅30岁的宝贵生命。通过表演让学生学习黄文秀同志不辞辛苦、全心全意为人民服务的精神，在新时代的长征路上做出新的贡献，让学生明白人生价值在于奉献文不是索取。通过这样的情境安排让学生加深对知识的理解，获得深刻的情感体验，从而增强课本知识入脑、入心。

3. 引用故事情境，激发学习热情

故事情境是以学生的兴趣爱好为出发点，紧扣教材内容，将教学目标与故事情境相结合，并将教学内容整合到一起的教学方法。故事情境教学可以带动学生的学习热情，提高教学质量。大学生好奇心和表现欲较强，思政课教材本身也能挖掘丰富故事资源的特点，因此，在实际教学中，应有效运用故事情境，调动学生学习积极性，积极主动的参与到教学活动中，以寓教于乐的形式完成教学目标。这些故事可以从历史中挖掘，也可以取材于当下，故事都应该是合理的。受故事情境发展和教师指导的启发引导学生分析在特定生活情境中使用知识的能力。

例如，《思想道德修养与法律基础》第五章明大德守公德严私德——发扬中国革命道德内容，就可以依托天津海河教育园区思想教育实践基地三层的内容创造故事情境。中国革命道德内容主要包括：为实现社会主义和共产主义理想而奋斗；全心全意为人民服务；始终把革命利益放在首位；树立社会新风，建立新型人际关系；修身自律，保持节操。实践教育基地中有"红色管家"熊瑾玎的故事、魏春波"毁家纾难"的故事、陈为人用生命保护党的机密的故事、曾志卖儿为筹革命经费的故事，还有唐义贞保护党的机密的故事等。通过课前让学生先到实践教育基地进行参观，选取自己感兴趣的故事，回去搜集相关资料整理故事，最后在实践课堂展示自己的故事。通过这样的实践教学模式，让学生明白站在新的历史起点上，中国革命道德，永远是我们在前进道路上战胜各种困难和风险、不断夺取新胜利的强大精神力量。我们要把理想信念的火种、红色传统的基因一代一代传下去，让革命事业薪火相传、血脉永续。

4. 开展辩论情境，加深课程理解

辩论情境是将情境创设与辩题相结合，用辩论的形式推动情境分析和体验，最终形成理论归纳的形式。

在思政课的教学过程中会出现值得探讨的问题，通过辩论的方式，引导学生从不同的角度看待问题，分辨是非曲直。教师要用心构建辩论情境，要依据教学目标，围绕教材知识，选择贴近学生实际，能够引发学生认知冲突的内容作为辩论题目。在辩论过程中要动员学生主动思考、发言，在争论后，作为听众的学生就辩论的知识点阐述他们的想法；最后，教师进行总结和评价，最终

让使学生形成正确的认知。运用辩论情境，可以让学生在教学过程中一直处在主体地位，教师是组织者和协助者。学生从原来的被动学习转向主动学习，查找资料、做分析的过程其实就是学习的过程。

例如，《思想道德修养和法律基础》第一章人生的青春之问——反对错误的人生观就可以展开辩论。针对《非诚勿扰》节目女嘉宾马诺的"宁愿在宝马上哭，也不愿意在自行车上笑"，以这一观点作为辩题，正方"宁愿在自行车上笑，不愿在宝马上哭"的观点，反方"宁愿在宝马上哭，也不愿意在自行车上笑"。在学生辩论中，教师要适当引导，帮助学生明辨是非，通过辩论让学生明白拜金主义是一种错误的人生观，引导学生树立正确的世界观、人生观和价值观。

5. 组织现场情境，锻炼学生能力

思政课实践教学的最终归宿是要让学生真正达到"理实结合"、"知行合一"。让学生独立完成从设计内容、组织准备、现场实施和归纳总结，能够锻炼他们的团队合作意识和思维能力，有利于提升思政课的时效性，召开记者招待会和组织模拟法庭就是很有效的途径。

例如，《思想道德修养和法律基础》第三章弘扬中国精神——做忠诚的爱国者，可以针对维护和推进祖国统一问题召开记者招待会。通过这一实践教学，学生的新闻知识和实践技能得到增长和明显提升，让有关部门的"发言人"和学生通过学生记者招待会的形式实现双赢。针对于"港独"和"台独"问题，让学生们政治立场坚定——只有一个中国，对于分裂祖国的行为要坚决抵制，可以进一步激发爱国热情，同时教师也要引导学生用相关理论知识来解决问题。第六章尊法学法守法用法，可以组织模拟法庭，模拟法庭是培养学生综合实践能力的重要环节，在教师的指导下，学生再现法庭场景并严格依照现行法律规定，进行案件审理和判决，通过此项实践教学可以提升学生的法律意识和法治素养。

（三）课后总结与反思

1. 通过实践教学培养学生综合能力

由于传统教学模式容易让学生习惯于被动地接受知识，容易缺乏学习和探索知识的积极性。"00后"大学生思维活跃、爱冒险、充满激情、善于表现自己。教师应该把握学生的特点，辩证的看待问题。一方面，让学生在课余时间关注社会热点问题、阅读报纸杂志、观看新闻联播，以便拓展知识、拓宽视野；另一方面，开展课堂参与度较高的课前小活动，激发学生的兴趣。例如，在课前5分钟，作为新闻评论员或发言人播放当今实事或热点问题，培养学生的参与意识并提高他们的综合能力。教师要根据学生的不同特点，将问题难度设置成梯度，从易到难，从简单到复杂，逐层推进，激发不同层次学生的积极性，让所有学生都能在课堂上享受成功的体验。

2. 建立合理的考评体系

思政课要建立多维评估机制。首先，不要以试卷评分方式作为确定学生水平的唯一标准，应建立一种鼓励学生不断进步的综合评估机制。同时，要高度重视培养学生坚定的政治方向、正确的认知态度和创新思维等。还应做到科学评价和多方面多层次评价，以确保评价工作的准确性、细致性、广泛性，促进大学生的全面综合发展。其次，要广泛采纳各方评价意见。在"情浸式"实践教学法的使用过程中，对教师的教学评价应该采取教师自我评价为主，学生、教研室主任、教学督导、学校领导对教师的评价也应纳入评价参考范围。最后，评价要具有针对性和可操作性。既要坚持全面的综合考察，又要尊重学生的差异性。不能仅凭学生考试成绩获取所有有效信息，必须借用多角度、多层次的评价范本，这样可以获得许多不同的收获。

四、"情浸式"实践教学法在思政课教学中的运用——以天津海河教育园区思想政治实践教育基地为例

天津现代职业技术学院在充分实施"情浸式"实践教学法的基础上，积极进行教学改革，形成独具特色的分组式的"情浸式"实践教学法。多位思政课教师"携手"为学生们带来一堂"情浸式"的思政课。首先确定一堂课的课程主线，在实践教育基地选取不同模块，每位教师负责一个模块的教学内容，共同打造一堂课，各组同学会轮换学习不同模块的内容。课前向学生下发学习任务，让学生通过查找资料、整理资料、排练等形势准备课程相关内容。以《思想道德修养和法律基础》第二章坚定理想信念的第三节在实现中国梦中放飞青春梦想为例。

问题导入：什么是中国梦？怎样实现中国梦？作为新时代青年怎样为实现中国梦注入青春能量。课前，将学生分为几个小组，并针对不同的任务下发了实践任务和作业，课上让学生在各自的小组进行展示交流，各个实践教学小组各由一位老师负责实践指导和讲授，大家在老师的带领下，通过基地内容和实践活动，深化理解认识，总结这三个问题的答案。

在开始实践学习前，先观看视频，学生要从视频当中找寻与刚才老师提出问题相关的信息点，思考问题的答案，然后进入各自的实践小组，在老师的带领下进行学习。

1. "复兴号高铁"模块

复兴号可以说是我国自主创新成果的重要代表之一，是由中国铁路总公司牵头组织研制、具有完全自主知识产权、达到了世界先进水平的动车组列车，时速可达400公里。复兴号高铁是中国人的骄傲，也是中国铁路新的里程碑，奏响了交通强国、铁路先行的时代强音。在复兴号高铁内，设计有展示家乡变化的实践教学内容，让大家感受"中国速度"。

课前，教师让学生把家乡近年来发生的变化与过去进行对比，学生可以制作PPT或者视频在课上进行展示，让同学们通过家乡发生的变化表达自己的感受，以复兴号高铁为载体，感受中国的迅速发展，并表达对于中国梦的看法，教师进行总结国家富强、民族振兴、人民幸福就是中国梦。

2. "写在树叶上的生态环保"模块

建设生态文明是千年大计，功在当代，利在千秋。党的十九大报告将"美丽"作为全面建成社会主义现代化强国的奋斗目标之一，并对"加快生态文明体制改革，建设美丽中国"规划了清晰的路线图，为建设天蓝地绿水净的美丽中国指明了努力方向。

课前，教师给学生们下发学习任务，一是写出对生态环境的愿望和环保的想法，二是从场馆中的生态文明板块找出一个环保的典型案例，对其进行分析解读。课上学生把写在树叶上对于生态文明的期盼贴到"绿色生命树"上并分享自己的愿望，然后由同学讲解自己所找的生态文明案例，然后教师以生态文明为切入点，阐释我国从"三位一体"、到"四位一体"再到"五位一体"总体布局的变化过程，拓展出中国共产党领导下的我们正在奋力实现中国梦。

3. "环幕厅"模块

置身环幕厅，让学生观看党的十八大以来我国在经济、政治、文化、民生、军事、外交等方面取得重要成果的视频。向学生提问张伯苓向的爱国三问：你是中国人吗？你爱中国吗？你愿意中国好吗？引导学生明白今天的中国，前所未有地接近实现中华民族伟大复兴的梦想。习近平总书记在南开大学视察时也提出爱国主义是中华民族的民族心、民族魂。让学生明白要厚植爱国主义情怀，在新时代，为中华民族伟大复兴做出我们这一代青年人的历史贡献！从而激发学生的爱国热情以及为实现中国梦为之奋斗的决心。

4. "我们以青春的名义宣誓"模块

各组均完成前三个模块的教学任务后，几组同学集中到一起，分享各个实践模块的感受，并表达自己作为新时代青年对于中国梦的理解以及怎样奋力实现中国梦。最后，学生们面对国旗，举起右拳，庄严地说出了自己的铮铮誓言："我们是担当民族复兴大任的时代新人，我们以青春的名义宣誓：弘扬爱国主义精神，坚定崇高的理想信念，牢记使命，自信自励。发扬天下兴亡、匹夫有责的担当精神，讲求奉献，实干进取，为实现中华民族伟大复兴的中国梦贡献青春力量。"

利用实践基地进行"情浸式"实践教学，让学生在情绪的渲染、情感的激发过程中深化对于知识的认识和理解，多样化的实践教学手段下真正喜爱上思政课，让思政课有理、有情、有趣、入脑、入心，让课程真正地"活起来"。

第三节　法德结合的模块化实践教学内容

法律和道德都是重要的社会规范，习近平总书记说："法律是成文的道德，道德是内心的法律。"这一重要论述深刻阐述了法律和道德的辩证关系，明确指出了国家和社会治理需要法律和道德共同发挥作用。

法律和道德作为上层建筑的组成部分，两者密切联系、内在统一。法治和德治作为两种不同治国方式，它们是相辅相成、缺一不可的。首先，在内容上两者互相渗透，互相补充。道德是法律的基础，法律承载着社会的价值理想和道德追求。一些道德规范可以凝结为法律约束，一些法律规范可以转化为道德要求。在新中国第一部宪法中，就明确提出了"五爱"的社会公德规范；其次，它们在功能上互相促进，互相依靠。"徒法不足以自行，徒善不足以为政。"法律的实施要依托道德，只有那些合乎道德、具有深厚道德基础的法律才能被更多人所自觉遵行，他律必须转化为自律才能更好地起作用。

在全面推进依法治国的进程中，要想发挥法律的规范作用，必须以法治体现道德理念、强化法律对道德建设的促进作用。按照建设中国特色社会主义法治体系的要求，把一些基本道德规范转化为法律规范，这样法律法规就能够体现道德理念和人文关怀，让道德有可靠的制度支撑和刚性约束。要用法律的权威增强人们培育和践行社会主义核心价值观的自觉性，以法律的强制力来强化道德作用，以法治的力量推动全社会成员道德素质的提升。

中国特色社会主义进入新时代，只有把法治作为治国的基本方式，并注重用道德调节人们的行为，把依法治国和以德治国紧密结合起来，让法治与德治有机地统一于建设中国特色社会主义的伟大实践，大力培养既有法治信仰又有高尚道德情操、既接受他律又能够自律的时代新人，才能为实现中华民族的伟大复兴增添动力。

大学之道，在明明德，在亲民，在止于至善。大学生在注重道德培养的同时，还要不断提升自己的法律素养，努力做到尊道德，守法律。《思想道德修养与法律基础》第五章明大德守公德严私德和第六章尊法学法守法用法涉及道德和法律方面的内容，怎样在实践教学中让学生将书本知识真正运用到实际当中，实现两者的有效融合，是需要思考的问题。

一、明大德守公德严私德

本章从规范性约束的层面帮助学生了解并践行道德修养的理论和原则，是《思想道德修养与法律基础》中道德观教育的重要组成部分。教学逻辑从抽象到具体、从理论到实践：道德的基本理论——丰富的道德资源——弘扬社会主义道德——投身积极的道德实践。本章最终的落脚点是积极投身崇德向善的道德实践。

（一）教学目标

1. 知识目标

了解道德的基本理论及正确的道德观；

掌握大学生在公共生活、职业生活和婚姻家庭生活等社会领域中要遵守的道德规范。

2. 能力目标

能够对道德有更深刻的了解；

能够吸收借鉴优秀道德成果；

遵守公民道德准则；

了解社会主义道德、社会公德、职业道德、家庭美德、个人品德等领域的相关知识；

对社会生活领域中的道德规范以及个人品德提升的路径有准确把握。

3. 实践目标

自觉遵守道德规范用以指导自己的实践，追求崇高的道德境界；

通过实践提升对于道德理论的认知，弘扬中华民族的优秀道德传统和中国革命道德，自觉树立社会主义道德观；

高尚的道德品格的形成重在实践，贵在坚持；

激发大学生形成善良的道德意志、道德情感，培育正确的道德判断和道德责任，提高道德实践能力，成为社会需要的人才。

（二）教学内容

通过本章的学习，向学生讲授道德的基本理论和社会主义道德的内容，帮助学生加强道德修养、锤炼道德品质，打下坚实的理论基础，增强道德意识。强调公共生活、职业生活、婚姻家庭生活是人们社会生活的重要领域，也是个人品德形成的重要领域。引导学生学习和掌握三大生活领域的道德规范，加强道德修养，注重道德实践，锤炼高尚品格。

（三）理论模块要点

1.道德的起源与本质

道德是以善恶为评价方式，主要依靠社会舆论、传统习俗和内心信念来发挥作用的行为规范的总和。

（1）道德的起源

非马克思主义的道德起源说；

马克思主义的道德起源说：劳动是道德起源的首要前提，社会关系是道德赖以产生的客观条件，人的自我意识是道德产生的主观条件，道德产生所需要的主客观条件是统一于生产实践的。

（2）道德的本质

道德属于上层建筑的范畴，是一种特殊的社会意识形式。道德是反映社会经济关系的特殊意识形态，道德是社会利益关系的特殊调节方式，道德是一种实践精神。

2.道德功能与作用

（1）道德的功能

道德的主要功能包括认识功能、规范功能和调节功能等，调节功能是道德最主要的功能。

（2）道德的作用

道德为经济基础的形成、巩固和发展服务，是一种重要的精神力量；道德对其他社会意识形态的存在有着重大的影响；道德通过调整人们之间的关系维护社会秩序和稳定；道德是提高人的精神境界、促进入的自我完善、推动人的全面发展的内在动力；在阶级社会中，道德是调节阶级矛盾和对立阶级之间开展阶级斗争的重要工具。

3.道德的变化发展

迄今为止，人类社会先后经历了五种基本社会形态，与此相适应，出现了原始社会的道德、奴隶社会的道德、封建社会的道德、资本主义社会的道德、社会主义社会的道德。

4. 传承中华传统美德

（1）中华传统美德的基本精神

重视整体利益，强调责任奉献；推崇"仁爱"原则，注重以和为贵；提倡人伦价值，重视道德义务；追求精神境界，向往理想人格；强调道德修养，注重道德践履。

（2）中华传统美德的当代价值

中华传统美德中倡导的讲仁爱、重民本、守诚信、崇正义、尚和合、求大同的精神和良好的行为规范，是中国传统道德的精华。

（3）中华传统美德的创造性转化和创新性发展

中国传统道德是一个矛盾体，具有鲜明的两重性。要在去粗取精、去伪存真的基础上坚持古为今用、推陈出新，努力实现中华传统美德的创造性转化和创新性发展。

5. 中国革命道德

（1）中国革命道德的主要内容

为实现社会主义和共产主义理想而奋斗；全心全意为人民服务；始终把革命利益放在首位；树立社会新风，建立新型人际关系；修身自律，保持节操。

（2）中国革命道德的当代价值

有利于加强和巩固社会主义和共产主义的理想信念；有利于培育和践行社会主义核心价值观；有利于引导人们树立正确的道德观；有利于培育良好的社会道德风尚。

6. 社会主义道德的核心和原则

（1）为人民服务是社会主义道德的核心

为人民服务是社会主义经济基础和人际关系的客观要求；为人民服务是社会主义市场经济健康发展的要求；为人民服务是先进性要求和广泛性要求的统一。

（2）集体主义是社会主义道德的原则

集体主义强调国家利益、社会整体利益和个人利益的辩证统一；集体主义强调国家利益、社会整体利益高于个人利益；集体主义重视和保障个人的正当利益。

7. 社会公德

社会公德与公共生活密切相关，公共生活需要道德规范来约束和协调。大学生要认真学习社会公德规范、培养社会公德意识、提高践行社会公德的能力。

（四）实践模块

通过形式多样、内容丰富的实践教学活动，引导学生加强道德修养，做一个讲道德、尊道德、守道德的人；培养学生正确的道德判断力，增强道德责任感，提高践行道德的能力，努力锤炼良好的道德品质。

实践教学内容一："讲"中华传统美德

习近平总书记指出："要认真汲取中华优秀传统文化的思想精华和道德精髓，大力弘扬以爱国主义为核心的民族精神和以改革创新为核心的时代精神，深入挖掘和阐发中华优秀传统文化讲仁爱、重民本、守诚信、崇正义、尚和合、求大同的时代价值，使中华优秀传统文化成为涵养社会主义核心价值观的重要源泉。要处理好继承和创造性发展的关系，重点做好创造性转化和创新性发展。"

【方案一】课堂实践教学

1. 实践目的

通过课堂讨论，让学生掌握如何衡量中华传统美德的当代价值；培养学生的思考能力、互助合作的态度、提升扩展认知与理解态度。

2. 实践方案

以小组的形式进行讨论，组员个别思考——组员讨论，分享个人资料及见解，以小组为单位进行分析，归纳总结，得出结论。

流程：主题——思考——讨论——摘要——整合——结论

3. 参考资料

材料一："背母观花灯"是一堂孝行课

2018年元宵节，一张感动无数长治人的照片经朋友圈传播后，在各大网站疯狂转载，感动了全国网民。照片中，一名男子背着老母亲在长治市八一广场观看元宵节展演。记者经过多方打听了解到，这名男子是长治市人民医院中医科55岁的医生程英锐。

孝老敬亲是中华民族的传统美德。在大力弘扬社会主义核心价值观的今天，我们不缺少"背母观花灯"之类的感人事迹，但也需承认，在当今社会，伴随着生活节奏加快，生存压力增大，许多人在追求事业的过程中，由于太重个人利益，其孝心或被深藏或被碾压，甚至"常回家看看"都成了一种奢侈品。也许，在我们的潜意识里认为父母不缺什么，他们不知道父母随着年龄的增长缺少的往往是精神上的慰藉。曾几何时，小时候父母也曾背着我们看热闹，甚至骑在他们的肩头。如今，我们长大了，又有多少人有过"背母观花灯"的心思和行动呢？

假如你和父母分隔两地，每年你能回去几次？一次几天？除去工作、应酬朋友、睡觉，你有多少时间真正和父母在一起？正因如此，"背母观花灯"才能引发人们强烈的共鸣，直击人们最柔软的那一处。

"背母观花灯"可谓是一堂生动的孝行课。孝敬父母，感动不如行动。花开花落有时节，人死人生无常态。正如程英锐所说，"背母观花灯"也为孩子树立了好榜样，传承了好家风。

【方案二】实践基地实践教学

1. 实践目的

通过在实践教学，让学生明白"讲仁爱、重民本、守诚信、崇正义、尚和合、求大同" 既是中华传统美德的集中体现，也是新时代树新风、化新人的价值引领。

2. 实践方案

课前，让学生到天津海河教育园区思想政治实践教育基地三层相关部分进行调研，选取感兴趣的部分（古代和现代的均可），选取有代表性的，然后搜集相关资料，课上到实践教育基地结合场馆相关内容进行讲解。

以个人或者小组派代表的形式均可，选取学生代表进行打分，结合教师与学生的打分作为最终分数。

3. 参考资料

"仁爱"是中华民族最核心的价值理念。孔子之前已有了"仁"的概念与"仁爱"的思想，孔子第一次明确地把"仁爱"作为礼乐文明的核心精神，把"仁"界定为"爱人"：这幅浮雕讲得就是当年孔子的弟子樊迟向孔子问何谓仁，孔子回答：爱人。孔子又提出了"泛爱众而亲仁"的思想。历史上，在中华各民族融合的过程中，"仁爱"逐渐成为传统价值体系的内核，也成为社会主义核心价值观的重要源泉。

"民本"思想，就是政治要"以民为本"。"民本"既是中国古代的一种政治理念，也是一项道德原则。既用于处理政治问题，也体现了"仁爱"的道德追求，是中国古人的根本道德追求在政治领域中的具体化。在古代有很多关于民本的名言。如：《尚书》中说"民惟邦本，本固邦宁"。如《老子》中说"圣人无常心，以百姓之心为心"等。

人无信则不立，国无信则不强。诚信也是中华美德文化中的重要组成部分。中华民族历来就有一诺千金的美德。诚乃立身之本，信为道德之基。孔子说："人而无信，不知其可也"。诚信是社会有序运行的基础和保障。社会主义核心价值观的培育和践行离不开诚信这一道德基石，只有在社会中普遍培育诚信意识，社会主义核心价值观才能内化为人们的自觉追求并转化为其实际行动。例如："曾子杀彘"、"商鞅立木"、"季札赠剑"、"宋濂好学"，达仁堂诚信经营等。

崇正义是我国古人日用而不察的价值观，它体现的是人们对正义精神与美德的追求，同时也要在政治治理上追求一种公平正义的社会秩序、道义为先的正义精神和每个民族成员以天下为己任的责任担当，对传承和弘扬中华传统美德，培育和践行社会主义核心价值观具有积极的意义。

和合理念是中华文明千年传承的文化基因和民族精神。中华民族的先人曾以乐音和谐，来象征和瞩望宇宙与社会的和合存在，以"和实生物""和而不同"的天才思想，从世界观和价值观上来表达对多样性、差别性及其内涵的普遍性的肯定。数千年来，对和合理念的崇尚，推动和支撑了中华文明的生成、延续和发展，也必将在一个新的时代为中华民族伟大复兴和人类命运共同体建设，提供源源不断的精神资源和智慧。礼之用，和为贵；以和邦国，以谐万民；君子和而不同，小人同而不和等等都是体现我们古代和合文化的重要句子。

"大同"是古人最高的社会政治理想，曾经激励多少仁人志士为其矢志不移，奋斗不息，它是中国古人的"中国梦"，正如习近平总书记最近指出的那样："实现中华民族伟大复兴的中国梦，就是要实现国家富强、民族振兴、人民幸福，既深深体现了今天中国人的理想，也深深反映了中国人自古以来不懈追求进步的光荣传统。" 孔子在《礼记》中说：大道之行也，天下为公，选贤与能，讲信修睦。故人不独亲其亲，不独子其子；使老有所终，壮有所用，幼有所长，鳏、寡、孤、独、废疾者皆有所养；男有分，女有归。货恶其弃于地也，不必藏于己；力恶其不出于身也，不必为己。是故谋闭而不兴，盗窃乱贼而不作，故外户而不闭，是谓'大同'。"体现了古人对大同社会的追求。桃花源记更是勾勒出了人人向往的桃园大同胜境。

实践教学内容二："辩"道德认知

1. 实践目的

引导大学生深度理解并生成理性认知，养成崇德向善的道德心态。具备一定理论深度和宽度是成为新时代大学生全面发展的需要。开展贴近学生生活和实际的实践教学，让实践教学内化为思想体验，促成大学生深度的思想道德素质养成。

2. 实践方案

设置几个问题，如铁轨两难问题、老人摔倒了该不该扶、是否偷药、善意谎言等，按照问题设定辩论赛。

将学生分为正反和反方，每方选出四名学生作为辩手，其他学生自由选择作为哪组的成员，根据辩手的陈述、辩论、反驳和例证情况进行积分，辩论赛结束后，各方选出一名辩手用两三分钟的时间概括出面对道德两难问题应该做出怎样的选择以及原因。辩论结束后，根据积分选出优胜方，进行实践教学的加分。

3. 参考资料

材料一：

2009年10月，天津市民许云鹤驾车与王秀芝老太太之间发生纠纷。王秀芝老太太称自己被许云鹤驾车撞倒在地；许云鹤认为自己是主动停车，下车搀扶从护栏上摔下来的王秀芝老太太，他这是助人为乐的行为。事发后，受伤的王秀芝老太太被送往医院治疗，之后向法院起诉索赔。2011年6月，红桥区法院一审判决许云鹤承担40%的民事责任，需赔偿王秀芝10.8万余元。许云鹤不服，向天津市一中院上诉。二审最终得出鉴定结论："王秀芝腿部伤情单纯摔跌难以形成，遭受车辆撞击可以形成。"二审法院认为，由鉴定结论、事故现场图、当事人述称等形成完整的证据链，足以认定王秀芝腿伤系许云鹤驾车行为所致。遂于2012年1月做出维持原判的二审判决。如果碰到类似的事件你是扶还是不扶？

材料二：

一群孩子在铁轨上玩，铁轨有两条，A道正在使用中，B道废弃停用。A道上面有9个孩子在玩耍，B道上面有2个孩子在玩耍。这个时候一列火车行驶过来，作为扳道工的你会怎么做呢？是让火车按原轨道行驶，还是让火车改道而行呢？

材料三：

欧洲有个妇人患了癌症，生命垂危。医生认为本城一个药剂师发明的镭可以治好她。患病妇人的丈夫汉斯找到药剂师，却被索价2000元，价格足足高出了药成本的10倍。汉斯到处借钱，可最后只凑了1000元。汉斯不得已，只好恳求药剂师便宜一点卖给他或者允许他赊账，以便能救妻子。但药剂师一口回绝了他。汉斯在走投无路的情况下，想到了一个办法，撬开药剂师的店门，为妻子偷来了药。你如何看待汉斯的偷药行为？假如你是法官，你会如何量罪定刑？为什么？

材料四：

美国小说《最后一片叶子》中，当生病的老人望着凋零的树叶而绝望时，充满爱心的画家用精心勾画的一片绿叶去装饰那棵干枯的生命之树，从而维持一段即将熄灭的生命之光，这难道不是谎言的极致吗？有人说："诚实与谎言水火不相容，诚实的人就不应该说谎，包括'善意的诺言'。"你是如何认为的？

实践教学内容三："演"道德情景剧

1. 实践目的

通过实践教学，引导和激发学生勤学、修德、明辨、笃实，努力将道德知识运用于实际当中，凝聚崇德向善的正能量，为实现中华民族的伟大复兴贡献出自己的一份力量。

2. 实践方案

学生自由结合组队，在小组成员充分讨论的基础上，确定道德情景剧主题和分配角色。演绎道德情景剧，并与老师同学分享感悟。由学生代表和教师进行点评，学生进行课后反思并撰写心得体会。

3. 参考资料

材料一：

1948年3月，24岁的张富清在陕西宜川县瓦子街参加革命，成为原西北野战军359旅718团2营6连的一名战士。"永丰战役带突击组，夜间上城，夺取敌人碉堡两个、缴机枪两挺、打退敌人数次反扑，坚持到天明，我军进城消灭了敌人。"泛黄的立功证书上，记载了张富清1948年11月参加永丰战役的情况。那一年，人民解放战争进入夺取全国胜利的决定性阶段，壶梯山、东马村等战斗中，他屡次担任突击队员在前冲锋。从革命战争年代到和平建设时期，张富清初心不改，忠于人民、忠于党，迎难而上不退缩，铺就了他数十载公仆生涯的底色。

1955年，张富清退役转业。他选择去偏远艰苦、急需干部的湖北恩施来凤县，先后在县粮油所、三胡区、卯洞公社等地工作。每一个岗位上，他都兢兢业业、克己奉公，为老百姓办实事，在贫困山区扎根了一辈子。上世纪60年代，县里开展精简退职工作，当时担任三胡区副区长的张富清首先动员妻子离开供销社。他说："国家困难，不先把自己人动员下来，怎么好去做别人工作？"任卯洞公社副主任时，张富清选择在穷苦偏僻的高洞片区负责工作，和村民们一起抡大锤、打炮眼、开山放炮，用2年时间修通了高洞的第一条公路。1984年12月，张富清在县建行副行长岗位上离休。从转业到离休，这位曾经在战场上奋勇杀敌的排头兵，一直默默做着一颗"螺丝钉"，哪里需要就去哪里。当年住的老式职工宿舍，现如今仍是张富清的家。住老房子、用老物件，艰苦朴素的作风在这位有着70多年党龄的老党员身上始终未曾改变。

实践教学内容四："唱"身边好人

1. 实践目的

让学生搜集遵守公民道德规范的模范事例，自觉践行社会主义核心价值观的榜样人物，歌颂助人为乐、见义勇为、诚实守信、尊老爱幼、敬业奉献等方面有突出表现，群众认可度高的道德楷模，通过实践教学，引导学生向他们学习。

2. 实施方案

多途径搜集道德楷模的相关资料，以个人或者小组的形式进行歌颂，学生和教师共同打分。

3. 参考材料

2019年第七届全国道德模范事迹简介

徐立平：徐立平是中国航天第四研究院固体火箭发动机总装厂7416厂固体火箭发动机燃料药面整形组组长，航天特级技师，时代楷模，被誉为"以国为重的大国工匠"。他从事的工作是对固体发动机燃料药面进行整形及缺陷挖药、修补等，因为工作过程对精度有着极高的要求和危险性，而被形象地称为"雕刻火药"。

王振美：1925年11月出生，从1953年开始申请加入中国共产党，王振美矢志不渝跟党走，2017年终于成为了一名正式党员。1965年患重病死而复生后，从此立下誓言感恩奋进。他64年初心不改、助人为乐、扶贫济困、报效乡梓，90余岁高龄时毅然捐出自己积攒的50万元全部积蓄，成立"振美教育基金"，奖励资助优秀师生和贫困家庭学生213人次，助力家乡脱贫攻坚和教育事业。

张晓艳：偏远地区缺少优质医疗资源，为了让老百姓在门门口看好病，几年前，张晓艳发起成立"全国社区医疗服务志愿团"，医生们带着自己精湛的医疗技术和公益之心，多次走入革命老区、贫困山区等地，为百姓送去公益医疗。目前志愿团已拥有顶尖专家志愿者900多位，北京延庆、密云、黑龙江、河北、山西、陕西等多地都留下了志愿者的身影。

实践教学内容五："诵"道德经典

1. 实践目的

中华文化源远流长，蕴含丰富的道德资源。通过阅读道德经典，引导学生从传统道德文化中汲取营养，传承中华传统美德，提高自身道德素质。

2. 实践方案

结合自己的兴趣爱好，选定道德经典著作，选择要读的篇目并撰写读书笔记，成绩由教师进行考核。

3. 参考材料

《道德经》、《大学》、《论语》、《中庸》、《孟子》、《弟子规》、《师说》、《劝学》等。

二、尊法学法守法用法

（一）教学目标

1. 知识目标

了解社会主义法律的本质特征；

理解宪法是我国的根本法及宪法的基本原则；

建设中国特色法治体系的重大意义；

法律权威的含义、基本要求和重要意义；

尊重和维护法律权威。

2. 能力目标

运用法律知识、法治思维正确分析法律事件；

做出正确的法律行为选择；

依法正确形式法律权利与履行法定义务。

3. 实践目标

让学生提高法治素养；

以实际行动努力做尊法学法守法用法的模范；

积极参与到全面依法治国、建设法治中国的进程中。

（二）教学内容

本章从讲述马克思主义法学原理开始，帮助学生正确认识社会主义法律的本质特征和运行规则，整体把握中国特色社会主义法律体系、法治体系和法治道路，自觉培养法治思维，最后让学生落实到行动上，形成法学原理——法律体系——法治体系——法治道路——法治思维——权利义务，法治观教育内容体系。

（三）理论模块要点

1. 法律的概念

法律是由国家制定或认可并以国家强制力保证实施的，反映由特定社会物质生活条件所决定的统治阶级意志的规范体系。

2. 我国社会主义法律的本质特征及运行

从本质上说，我国社会主义法律是中国特色社会主义制度的重要组成部分，是党领导人民当家作主的制度保障。我国社会主义法律体现了党的主张和人民意志的统一。我国社会主义法律具有科学性和先进性。我国社会主义法律是中国特色社会主义建设的重要保障。

法律的运行是一个从创制、实施到实现的过程。这个过程主要包括法律制定、法律执行、法律适用、法律遵守等环节。

3. 宪法

宪法是治国安邦的总章程，是党和人民意志的集中体现，是中国特色社会主义法律体系的核心，在全面依法治国中具有突出地位和重要作用。我国宪法是国家各项制度和法律法规的总依据。我国宪法规定了国家的根本制度。

宪法的原则：党的领导原则、人民主权原则、尊重和保障人权原则、社会主义法治原则、民主集中制原则。

4. 建设中国特色社会主义法治体系的重大意义

中国特色社会主义的本质要求和重要保障、推进国家治理体系和治理能力现代化的重要举措、全面依法治国的总抓手。

5. 建设中国特色社会主义法治体系的主要内容

完备的法律规范体系、高效的法治实施体系、严密的法治监督体系、有力的法治保障体系、完善的党内法规体系。

6. 全面依法治国的基本格局

科学立法、严格执法、公正司法、全民守法

7. 中国特色社会主义法治道路

中国特色社会主义法治道路，明确了建设社会主义法治国家的性质和方向，是社会主义法治建设成就和经验的集中体现，是中国特色社会主义道路在法治领域的具体体现，是建设社会主义法治国家的正确道路。走中国特色社会主义法治道路，必须坚持中国共产党的领导，坚持人民主体地位，坚持法律面前人人平等，坚持依法治国和以德治国相结合，坚持从中国实际出发。

8. 法治思维

法治思维是指以法治价值和法治精神为导向，运用法律原则、法律规则、法律方法思考和处理问题的思维模式。一般来讲，法治思维主要包括法律至上、权力制约、公平正义、权利保障、正当程序等内容。

培养法治思维的方式：学习法律知识、掌握法律方法、参与法律实践、养成守法习惯、守住法律底线。

9. 尊重和维护法律权威

法律权威是指法律在社会生活中的作用力、影响力和公信力，是法律应有的尊严和生命。要做到信仰法律、遵守法律、服从法律、维护法律。

10. 法律权利与法律义务

首先，法律权利和法律义务是相互依存的关系，法律权利的实现必须以相应法律义务的履行为条件；同样，法律义务的设定和履行也必须以法律权利的行使为根据，不存在没有权利根据的法律义务。其次，法律权利与法律义务是目的与手段的关系。离开了法律权利，法律义务就失去了履行的价值和动力；离开了法律义务，法律权利也形同虚设。最后，有些法律权利和法律义务具有复合性的关系，即一个行为可以同时是权利行为和义务行为。

（四）实践模块

实践教学内容一："读"好书

1. 实践目的

通过让学生读法律方面的书或者文章，并撰写读书笔记，提升学生的法律素养。

2. 实施方案

选定自己感兴趣的法律方面的相关内容进行阅读，撰写的读书笔记可包含以下几种形式：提纲式、摘录式、评论式、心得式等，在课上进行心得体会交流，由教师进行成绩评定。

3. 推荐书目

《法的门前》、《走不出的风景：大学里的致辞，以及修辞》、《寻找法律的印迹2：从独角兽到"六法全书"》、《法学思维小学堂：法律人的6堂思维训练课》等。

实践教学内容二：宣传法律知识

1. 实践目的

帮助学生深化宪法和法律法规方面的学习，增强法律意识和法治观念，能够运用法律法规来规范自身的行为能力。

2. 实施方案

以小组的方式进行，学生选定宣传的主题与形式，可在课堂上或者校园里进行宣传，主讲人可采用PPT、视频。现场宣传等形式进行汇报并分享心得体会，由教师进行点评和给分。

3. 参考资料

《中华人民共和国宪法》是中华人民共和国的根本大法，规定拥有最高法律效力。中华人民共和国成立后，曾于1954年9月20日、1975年1月17日、1978年3月5日和1982年12月4日通过四个宪法，现行宪法为1982年宪法，并历经1988年、1993年、1999年、2004年、2018年五次修订。

国家宪法日，是为了增强全社会的宪法意识、弘扬宪法精神、加强宪法实施、全面推进依法治国，在每年的12月4日而设立的节日。

实践教学内容三："辩"法律

1. 实践目的

为响应党中央关于全面推进依法治国的号召，通过辩论的形式，提高学生的法律意识，培养学生法治思维。

2. 实施方案

小组内部进行合理分工，认真搜集资料，进行思考，掌握辩论技巧。由教师和学生代表进行点评，结合辩论积分，教师给出成绩。

3. 辩论参考题目

根除陋习靠法治VS根除陋习靠思想

良法善治重在良法VS良法善治重在善治

实体法比程序法重要VS程序法比实体法重要

个人隐私权重于公众知情权VS公众知情权重于个人隐私权

实践教学内容四：模拟法庭

1. 实践目的

帮助学生熟悉庭审业务，掌握基本的诉讼技巧，培养学生运用所学法律知识、法治思维解决问题的能力，引导学生树立法律信仰，培育法治精神。

2. 实施方案

模拟法庭分为四个组：审判组、起诉组、辩护组、综合组。按照法庭的审判流程进行操作，最后由思政课教师进行活动总结和评分。

实践教学内容五："以案为警"

1. 实践目的

大学生是民族的希望和国家的未来，他们的法治教育水平和遵纪守法状况如何，直接关系到国家前途和民族命运，关系到社会稳定和发展。近年来，有一些大学生的犯罪，触目惊心，给国家、社会、家庭造成了难以挽回的损失和痛苦。因此，必须要加强当代大学生法治观念教育，通过生动的案例讲解，警示大学生要尊法、学法、守法，做到知行合一。

2. 实施方案

依托天津海河教育园区思想政治教育实践基地三层法律部分开展实践教学。该部分主要选取了与大学生相关的部分经典案例，如校园贷、电信诈骗、国家安全、传销、吸毒贩毒等，让学生通过案例学习法律，通过案情警示自己不要触碰法律底线。课前，让学生到实践基地相应版块进行了解，回去针对某一问题进行资料的搜集，课上针对选取的板块内容进行讲解，并谈谈作为新时代大学生对于法律的认知，由教师进行总结和评分。

3. 参考资料（天津海河教育园区思想政治教育实践教育基地的板块内容）

材料一：

"庞氏骗局"的发明者是意大利裔投机商查尔斯·庞兹。1903年移民到美国，1919年他开始策划一个阴谋，向一个事实上子虚乌有的企业投资，许诺投资者将在三个月内得到40%的利润回报，然后，狡猾的庞兹把新投资者的钱作为快速盈利付给最初投资的人，以诱使更多的人上当。由于前期投资的人回报丰厚，庞兹成功地在七个月内吸引了三万名投资者，这场阴谋持续了一年之久，才让被利益冲昏头脑的人们清醒过来。事后，庞兹被判处5年刑期。出狱后，他又干了几件类似的勾当，因而蹲了更长的监狱。1934年被遣送回意大利，他又想办法去骗墨索里尼，也没能得逞。1949年，庞兹在巴西的一个慈善堂去世。死去时，这个"庞氏骗局"的发明者身无分文。

由于传销对国家的金融秩序产生严重危害，给被骗者的身心和财产造成严重损失，因此，被各国政府作为打击对象。2005年8月10日国务院第101次常务会议通过的文件《禁止传销条例》，自2005年11月1日起施行。2009年2月28日，十一届全国人大常委会第七次会议表决通过的刑法修正案（七）增设了"组织领导传销罪"。

2017年8月，教育部、公安部等四部门印发通知，要求严厉打击、依法取缔传销组织，通知强调，对打着"创业、就业"的幌子，以"招聘"、"介绍工作"为名，诱骗求职人员参加的各类传销组织，坚决铲除。

材料二：

"校园贷"也是大家熟悉的校园危害。所谓校园贷是指在校学生通过针对大学生的网络贷款金融机构和平台在网上申请获得金钱的方式。2016年4月，教育部与银监会联合发布了《关于加强校园不良网络借贷风险防范和教育引导工作的通知》，明确要求各高校建立校园不良网络借贷日常监测机制和实时预警机制，同时，建立校园不良网络借贷应对处置机制。

2017年9月6日，教育部要求"取缔校园贷款业务，任何网络贷款机构都不允许向在校大学生发放贷款。"

三、法德结合模块

在全面推进依法治国的进程中，要想发挥好道德的教化作用，必须以道德来滋养法治精神、强化道德对法治的支撑作用。法律只有转化为人们内心的自觉才能真正被人们所遵守。没有道德的滋养，法律的实施就缺乏坚实的社会基础。

良好的公民道德是法治社会建设的重要基础和前提。加强公民道德建设，要从学生抓起，大力弘扬社会主义核心价值观，弘扬中华优秀传统美德，加强社会公德、职业道德、家庭美德和个人品德建设，强化规则意识，引导学生自觉履行法律义务和社会责任，不断提高思想道德水平，增强法治的道德底蕴。

在我国法治社会建设的过程中，一些领域还存在法律的空白，这就需要道德发挥补充作用。历史与现实证明，仅仅依靠外部的监督并不能成功建设法治，必须重视良知和道德的作用。如果只精通法律而无道德，就会损害社会公平正义。比如，对突出的诚信缺失问题，既要抓紧建立覆盖全社会的征信系统，又要完善守法诚信褒奖机制和违法失信惩戒机制，使人不敢失信、不能失信；对见利忘义、制假售假的违法行为，要加大执法力度，让败德违法者受到惩治、付出代价。中国特色社会主义进入新时代，把法治作为治国的基本方式，用道德调节人们的行为，把依法治国和以德治国紧密结合起来，把两者统一于建设中国特色社会主义的伟大实践，培养既有崇高道德情操又有法律信仰，能够做到自律和他律相结合的时代新人，才能够为实现中华民族的伟大复兴注入强大生机和活力。

《思想道德修养与法律基础》第五章明大德守公德严私德——全心全意为人民服务这一知识点，就可以进行法德教育的结合。全心全意为人民服务是社会主义道德的集中体现，在教学的过程中，让学生明白要提倡为人民服务和集体主义的精神，尊重他人、关心他人，为人民为社会多做好事。在今后走上工作岗位，在国家依法保护企业和个人利益，鼓励人们通过合法经营和诚实劳动获取正当经济利益的同时，要引导人们对社会负责、对人民负责，正确处理国家、集体和个人的关系。第六章尊法学法守法用法——坚持依法治国和以德治国相结合这个知识点，要让学生明白坚持依法治国，就要强化道德对法治文化的支撑作用，弘扬社会主义法治精神、建设社会主义法治文化、增强全社会尊法学法守法用法的积极性和主动性。

实践教学内容一：辩论赛

1. 实践目的

让学生明白道德和法律在社会中的重要作用，明白两者是相辅相成的。

2. 实施方案

小组内部进行合理分工，认真搜集资料，进行思考，掌握辩论技巧。由教师和学生代表进行点评，结合辩论积分，教师给出成绩。

3. 参考题目

维护社会秩序道德更重要VS维护社会秩序法律更重要

4. 参考资料

材料一：影视明星借"阴阳合同"偷税

一场明星个人之间的"互撕"引发社会关注，很多人从最初的看热闹转为对影视业"阴阳合同"的质疑。知名主持人崔永元曝光某演员签"一大一小"双合同后，社会聚焦部门明星借"大小合同"即"阴阳合同"偷税。对此，税务总局表示，对网上反映有关影视从业人员签订"阴阳合同"中的涉税问题，国家税务总局高度重视，责成江苏等地税务机关依法开展调查核实。如发现违反税收法律法规的行为，将严格依法处理。虽然崔永元未指明所涉及的是范冰冰，但外界猜测是范冰冰所为。范冰冰的工作室对媒体表示从未通过"阴阳合同"方式签约，并表示接下来会全力配合相关部门依法核查。一般来说，"阳合同"或用于备案，或展示给外人看，显示其合法合规或常规交易；"阴合同"用于真实履约，有隐藏不可告人之目的或有偷逃税款嫌疑。同时，国家税务总局在已经部署开展对部分高收入影视从业人员依法纳税情况进行评估调查的基础上，进一步强化风险防控措施，加大征管力度，依法查处违法违规行为。

影视明星的高收入是众所周知的，逃税事件事关收入分配调节和社会公平正义，是失信的表现，因此，明星公众人物因逃税问题引发众怒并不让人感到意外。不管是明星也好还是普通人也好，遵守社会道德规范和法律法规是必须要守住的底线。

实践教学内容二：人生红绿灯

1. 实践目的

通过"人生红绿灯"这个实践环节，让学生自觉遵守"红灯停绿灯行"、"过马路要走斑马线"这样的规则，让学生了解违反道路安全交通法律、法规关于道路通行规定的会受到处罚，甚至行政拘留，让学生在心中树立良好的道德规范并以此约束自己的行为，自觉遵守法律法规，明白道德和法律的界限，明白靠他律也要靠自律。

2. 实施方案

依托天津海河教育园区思想政治教育实践基地三层道德和法律部分的"人生红绿灯"模块开展实践教学，课前让学生搜集相依的交通违法案例，课上现场模拟"闯红灯环节"，如果行人闯红灯墙上视频就会出现庭审的环节，由学生向介绍搜集到的交通违法案例以及带来的危害，由教师进行点评和总结。

3. 参考资料

1991年9月，统一后的柏林法庭上，举世瞩目的柏林围墙守卫案将要开庭宣判。这次接受审判的是4个年轻人，不到30岁，他们曾经是柏林墙的东德守卫。2年前一个冬夜，刚满20岁的克利斯和他的好朋友高定，一起偷偷攀爬柏林墙企图逃向自由。几声枪声响后，高定的脚踝被另一颗子弹击中，克利斯被一颗子弹由前胸穿入并很快断了气。他不会知道，他是这堵墙下最后一个遇难者。那个射杀他的东德卫兵，叫英格·亨里奇。但他也绝没想到，短短9个月之后，围墙被柏林人推到，而自己最终会站在法庭上因为杀人罪而接受审判。柏林法庭最终的判决是：判处开枪射杀克利斯的卫兵英格·亨里奇3年半徒刑，不予假释。他的律师辩称，他们仅仅是执行命令的人，根本没有选择的权利，罪不在己。法官当庭指出："东德的法律要你杀人，可是你明明知道这些唾弃暴政而逃亡的人是无辜的，明知他无辜而杀他，就是有罪。作为警察，不执行上级命令是有罪的，但是打不准是无罪的。作为一个心智健全的人，此时此刻，你有把枪口抬高1厘米的主权，这是你应主动承担的良心义务。换言之，公认的道德亦是法的来源。世界著名的枪口抬高1厘米主权，也印证了道德与法的辩证关系！

第五章　思想道德修养与法律基础模块化实践教学实施

第一节 "我的大学赶上新时代"模块

一、教学基本情况

教学内容：《思想道德修养与法律基础》绪论：做有理想有本领有担当的时代新人

教学时间：2课时

教学模式："情浸式"实践教学模式

教学手段：联合分组式教学（教师联合，学生分组）

教学对象：大一学生

教学地点：天津海河教育园区思想政治教育实践基地

二、教学目标

让学生了解、掌握近代以来中国人民在寻梦、追梦、圆梦的历史进程中，中国精神的科学内涵，理解中国精神作为兴国强国之魂，是实现中华民族伟大复兴不可或缺的精神支持和精神动力。引导青年学生不忘历史，勿忘国耻，将张伯苓的"爱国三问"问下去答下去。自觉担当起民族复兴的时代使命，立足新时代，坚定四个自信，传承中国精神，增强中华民族的归属感和荣誉感，延续民族血脉，提升家国情怀，做担当有为的新时代大学生。

三、教学设计

运用"问题链"导入法，通过基地的实践教学资源和"情浸式"教学模式，提升学生对中国精神的认识和理解，解决学生的思想困惑。

"问题链"导入教学：设置四个问题，每一个实践环节解决一个问题：一是张伯苓校长的"爱国三问"你准备好答案了吗？二是张伯苓遭遇"国帜三易"时的国情如何？三是在新时代的进程中，我们会遭遇哪些艰险和困难？四是新时代大学生在奋力实现中国梦的过程中应该怎么做？

四、教学创新点

在天津海河教育园区思想政治教育实践基地营造的思政实践氛围里，发挥园区思政课联盟的共建共享机制，思政教师采取"情浸"化的教学模式，在实践基地联合授课。

五、教学过程

天津海河教育园区思想政治教育实践基地序厅，由主讲教师从南开大学老校长张伯苓的"爱国三问"引入课程：作为新时代大学生，联系"爱国三问"这个主题，思考课前提出的四个问题。

实践教学环节一：张伯苓"爱国三问"，问下去答下去

问题一："爱国三问"提出时的情形？在同学们回答的基础上，教师进一步引申。1935年9月17日，"九一八"事变四周年前夕，在南开大学新学年"始业式"上，张伯苓"爱国三问"直击灵魂，给蒙昧者以当头棒喝，重燃热血青年爱国斗志。爱国的主旋律唱响开学第一课，厚植爱国情怀，培育公能人才是张伯苓办学最鲜明的特色。

问题二："爱国三问"到底张伯苓追问的问题实质是什么？

教师进行引导，一问民族血脉，二问家国情怀，三问责任担当。

问题三：张伯苓如你们一样求学时的所思所想与所学？

在学生回答的基础上，教师请来参加刘公岛社会实践的同学进一步拓展实践内容。

为了让同学们进一步感受张伯苓当年的屈辱与愤懑，让我们驻足在历史的回眸中，到实践基地二楼进一步探索甲午国殇。

实践教学环节二：甲午巨痛，国耻民辱

这个环节以学生在倍感屈辱的展板"时局图"为切入点，来深化认识半殖民地半封建社会青年人报国无门的愤懑。

问题一：时局图上展示的各种动物所代表的列强，他们在甲午战争中的所作所为及对日后中国发展的影响分别是什么？

在学生展示PPT的基础上，教师进一步拓展以下知识点《马关条约》。

问题二：甲午战争《马关条约》后，清政府接连签署了哪些丧权辱国的条约？

在学生回答的基础上，教师进一步补充完整：1896年《中俄秘密协定》、《通商行船条约》，1898年中德《胶澳租界条约》，1898年中俄《旅大租地条约》，1898年中英《展拓香港界址专条》，1898年中英《订租威海卫专条》，1901年《辛丑条约》。让学生进一步思考：哪段历史让大家思绪翻滚，愤懑难当？你们能想象22岁热血戎装的张伯苓面对"国帜三易"时的心情吗？你们能感受到热血喷张的青年报国无门的苦痛吗？

问题三：中华民族真地面临亡国灭种的危难吗？

学生表演情景剧《八旗子弟》。情景剧表演结束，教师做总结。青年张伯苓的职业抉择彰显了爱国情怀，中年张伯苓职业发展时践行着以身报国的爱国之志。作为新时代的中国人，我们怎么想？我们做什么？我们怎么做？

实践教学环节三：时代新人的求索

问题一：在实现中华民族伟大复兴的进程中，我们是不是就没有困难和危险，我们是不是就可以一路高歌猛进？请举例说明近年来我国遭遇的困难。

学生进行演讲，内容任选其一：中美贸易战的反思、香港暴乱引发的思考、华为5G遭遇的困难、西方的"颜色革命"。

在学生们的演讲结束后，教师进行总结。张伯苓的"爱国三问"，一问民族血脉，二问家国情怀，三问责任担当。"爱国三问"也给处于新时代的我们留下了"历史之问"、"现实之问"和"未来之问"。新中国新时代朝气蓬勃的我们又该做什么？又该怎么做？

实践教学环节四：青年在实现中国梦过程中应该怎么做？

课前给学生下发三个任务：一是查阅五四运动背景等相关资料；二是结

合基地的内容,去天津觉悟社参观,了解觉悟社相关历史知识;三是搜集"80后"、"90后"优秀团队或个人的先进事迹。通过学生对学习任务的汇报和分享,老师的总结提升,使学生们理解这些材料和案例中青年所发挥的重要作用和承担的历史使命,在新时代下,如何接过历史的接力棒,奋力实现中国梦。

问题一:向学生形象展现天津学生、群众参加五四运动的场面。

教师进行讲解,当时爱国与民族复兴成为当时青年们的立志目标,引领他们未来的人生道路。引发学生思考青年在中国梦实现的过程中应该怎么做?

问题二:学生分享参观觉悟社的感受

在学生回答的基础上,教师进一步启发:周总理是我们青年的榜样。他不但志向远大,从青年时就一直深入思索,挺起脊梁,苦苦探求救国救民的真理和道路,而且不畏艰难,不忘初心,把实现民族复兴的理想作为自己一生奋斗的事业。这种精神激励着一代又一代中国青年在革命、建设、改革中贡献自己的力量。

问题三:分享印象最深刻的"80后"、"90后"的有为青年的故事。

在学生演讲的基础上,教师进一步总结,这些青年乐观向上、担当有为、勇往直前。我们应当为他们点赞。并引发下一步思考:这些人身上有什么共同特征?教师肯定同学们的发言的基础上,进行总结。正是在爱国主义的鼓舞下,五四青年心怀救国救民的理想,前赴后继。周总理为中华之崛起而读书,一生都在为民族复兴的理想而奋斗。说明了这些青年对未来的发展不是盲目的,是有奋斗目标的;说明了他们都是理想、有抱负的青年,而像陆朝阳、青年航天人,用自己的一技之长,用自己的专业本领实现着我们的科技之梦,他们都是有有能力、有本领的青年。这些年轻人他们还有一个共同特征就是在国家危难关头,在国家需要他们的时候,可以挺身而出,承担重任,这是奉献精神、担当精神。正像习近平总书记所说:"青年兴则国家兴,青年强则国家强。青年一代有理想、有本领、有担当,国家就有前途,民族就有希望"。

实践教学课程总结。

实践教学环节五:课程总结

各组同学集中到一起进行课程总结,分享各个实践环节的心得体会,教师进行总结，通过本次实践课堂的学习，作为时代新人，更加感受到时代赋予我们光荣而艰巨的任务，我们是时代的追梦人，我们也终将是圆梦人，伟大复兴的梦想终将在一代代青年人的接续奋斗中变为现实，并向国旗许下青年人的铮铮誓言。

课后作业：

新中国新时代朝气蓬勃的我们又该做什么？又该怎么做？课下大家积极思考，完成文字版实践作业，并写出千字以上的实践课心得体会并上传至超星平台。

第二节　"明明德，创造有价值的人生"模块

一、教学基本情况

教学内容：《思想道德修养与法律基础》第五章："明明德 创造有价值的人生"

教学时间：2课时

教学模式："情浸式"实践教学模式

教学手段：联合分组式教学（教师联合，学生分组）

教学对象：大一学生

教学地点：天津海河教育园区思想政治教育实践基地

二、教学目标

通过实践教学引导大学生进一步了解、掌握马克思主义关于道德的基本理论，让学生认识到道德的力量是无穷的，既是立国兴邦之本，也是青年人安身立命之基。帮助青年学生从我国新民主主义革命、社会主义革命及建设和改革的伟大实践中探寻"我们从哪里来，我们将到哪里去？"引导青年学生审视世界民族灿烂文化宝库中我国独有且极其珍贵的这份精神财富，激发青年学生深入思考新时代如何明大德守公德严私德，在实现"中国梦"的伟大实践中创造有价值的人生。

三、教学设计

运用"问题链"导入法，通过基地的实践教学资源和"情浸式"教学模式，提升学生对马克思主义道德的认识和理解，解决学生的思想困惑。

"问题链"导入教学：设置四个问题，每一个实践环节解决一个问题：一是毛泽东的好学生角色；二是毛泽东的好导师角色；三是理解毛泽东的"好医生"角色；四是新时代青年崇德向善在奋力实现中国梦的过程中应该怎么做？

课前将相关任务通过超星学习通发放给学生，让学生分组做准备。

四、教学创新点

在天津海河教育园区思想政治教育实践基地营造的思政实践氛围里，发挥园区思政课联盟的共建共享机制，思政课教师采取"情浸化"的教学模式，在实践基地联合授课。

五、教学过程

在天津海教园区思想政治教育实践基地二楼，"沿红路，寻初心"几个大字映入眼帘。主讲教师由此引入课程。作为新时代大学生，我们应该清楚地知道"我们从哪里来，我们到哪里去"，中华民族从"站起来"、"富起来"再奔到"强起来"是怎样的艰辛历程，尤其在"站起来"过程中面对无比强大的敌人，在物质资料极度贫乏的时代，我们依靠怎样的道德力量，为取得最后的胜利创造精神动力。以毛泽东为代表的老一辈无产阶级革命家为我们树立了典范，结合毛泽东为国为民波澜壮阔一生，认真思考课前提出的问题。

实践教学环节一：毛泽东的好学生角色

在五四运动的展板前，实践教学开始。

问题一：为什么说毛泽东是位不忘初心牢记使命的好学生？

在学生回答的基础上，教师进一步引申。20世纪初的中国危如累卵，满目疮痍。青年时代的毛泽东立下了"救国救民"的宏大志向，体现了毛泽东对于个人理想与社会理想的辩证思考。为此毛泽东博览群书、广泛涉猎，不仅读有字书，更读无字书。期间得到杨昌济、李大钊、陈独秀等人的指导，在如饥似渴地研读马克思主义理论的基础上，最后走上了将马克思主义普遍原理同中国实际相结合的革命道路。

问题二：为什么说毛泽东是位终身学习的好学生？

学生演出情景剧：《毛泽东与书的一世情缘》，教师总结。毛泽东不仅在校读书时是位好学生，而且步入社会后还是"活到老，学到老"的"终身学霸"，并且成为"毛泽东思想的主创者"。

问题三：为什么说毛泽东是位青出于蓝而胜于蓝的好学生？

在学生回答的基础上，教师着力讲清楚以下几个知识点。（1）紧扣习近平总书记在纪念毛泽东诞辰120周年大会上的讲话，以及国内外对毛泽东的评价，讲清楚"毛泽东思想使占世界人口四分之一的大国走向社会主义，证明是具有重大国际影响的思想理论，毛泽东是二十世纪伟大的思想家。（2）结合《关于建国以来党的若干历史问题的决议》讲清楚毛泽东之所以能成为"二十世纪伟大的思想家"，是因为他将马克思主义和中国的具体实际相结合，并使之中国化，毛泽东思想成为马克思主义中国化的第一个理论成果。在毛泽东思想的指导下，中国人民变革了半殖民地半封建社会的旧中国，推翻了"三座大山"，建立了新中国，并走上了社会主义道路。

随后，展示学生精心制作的毛泽东荣获的"优秀三好学生"证书。教师再紧扣"在学思践悟中牢记初心使命"这一主题进一步启发学生。让青春之我成为中国梦的得力助手，明确建设社会主义现代化强国就是时代新人应该尊崇的大德。让"学习强国"成为空虚的最强对手。把"创造性地学习"当作了自己一生的习惯。中共中央宣传部重磅推出的APP"学习强国"，启发学生明白只有学习才能强国，坚持把学习当作一种态度永远保持下去，"努力学习马克思主义立场观点方法，努力掌握科学文化知识和专业技能，努力提高人文素养"。

实践教学环节二：毛泽东的好导师角色

在党的一大13位代表照片的展板前，学生演讲：信仰。演讲结束，教师总结。毛泽东和董必武参加开国大典，秉初心担使命。为国家为民族奋斗一生的人，是明大德的人，为后人铭记；而背叛国家背离人民的人，是钉在历史耻辱柱上的罪人。

问题一：中国共产党是什么性质的组织，毛泽东是如何教育党员干部树立马克思主义信仰的？

问题二：在建立新中国的过程中，你知道家乡有哪些参加长征的老红军，参加抗日的老八路以及参加解放战争的解放军？给大家分享他们的英雄事迹。

问题三：你唱过《三大纪律 八项注意》吗？你知道这首军歌的创作情况

吗？你知道毛泽东想建立一个什么宗旨的军队吗？

问题四：新中国成立后，毛泽东倡导集体主义原则，你知道集体主义原则的内涵吗？集体主义原则推动下，出现了哪些建设社会主义国家的先进人物？

问题五：在毛泽东的一生中，你搜集到哪些事例让你感到伟人的风范？

在学生回答的基础上，教师进一步总结：（1）牢记红色基因的深厚底蕴，不要忘记我们从哪里来。结合学生的回答，教师进一步讲清"我们从哪里来？我们曾经是半封建半殖民地社会，中华民族从1840年到1949年历经百年沉沦。没有守初心担使命的中国共产党，没有新中国；没有革命先烈抛头颅、洒热血，坚守全心全意为人民服务的宗旨，也不可能有新中国。中国共产党始终高度重视继承和发扬革命道德传统，中国革命道德的强大精神动力，对革命、建设和改革发挥了极其重要的作用。是中华民族极其宝贵的红色基因。（2）理解社会主义公德的深远意义，以小我助力大我。结合学生关于集体主义原则的回答，教师再结合社会主义革命、建设和改革过程中涌现的先进人物，与时代同步伐、与人民共命运，才有从今日强盛的中国。作为新时代的青年，我们要守公德，以小我助力大我。（3）领悟毛泽东一生为国为民为天下，以身垂范。教师拓展，毛泽东一生艰苦朴素、不徇私情。舍小家为大家，有6位亲人为国捐躯，朝鲜战场痛失爱子，一生置革命利益高于一切，践行全心全意为人民服务。所以大家齐唱《东方红》，感悟人民对领袖的热啊与缅怀。

实践教学环节三：毛泽东的"好医生"角色

毛泽东用一生的思考和实践，都奉献给了新民主主义革命、社会主义革命和社会主义建设，毛泽东运用马克思主义的立场、观点和方法，不断进行调查研究、科学地认识中国的实际、正确运用毛泽东思想建立了新中国，确立了社会主义基本制度，对适合国情的社会主义道路进行了艰苦的探索。无异于一位变革社会的"好医生"。

问题一：为什么说毛泽东是位敢于同"左和右的"错误思想做斗争的"好医生"。

在学生回答的基础上，教师进行总结，革命征途中"左倾（冒险）机会主义"和"右倾（投降）保守主义"给革命带来的灾难，如果不是以毛泽东为首的共产党人同各种非无产阶级思想进行坚决的斗争，坚持马克思主义与中国实际相结合，革命就不可能成功，因此说毛泽东是一位勇于投身实践了解时代问题、敢于斗争的斗士。

问题二：为什么说毛泽东是位能开出经典"诊断书"的"好医生"？

在学生回答的基础上，教师可结合毛泽东思想在全党、全军指导中国新民主主义革命、社会主义革命和社会主义建设，就没有今天的中国特色社会主义新时代。毛泽东很多著作都开明宗意，被当成宝典秘籍，比如《论持久战》，抗日战争全面爆发之初就科学预见了战争的规律，指导抗日战争的艰难取胜。

问题三：为什么马克思是位以笔杆子为"手术刀"的"好医生"？

在学生PPT展示的基础上，教师可结合"笔杆子里面出政权""枪杆子里面出政权"这些耳熟能详的比喻来讲清楚毛泽东手中的笔就是"手术刀"，解决复杂的思想问题。比如《人的正确思想是从哪里来的》，成为全党全军认识问题、分析问题和解决问题的强大思想武器。笃行是青春最艳丽的注脚。

在分析解答清楚前述三个问题之后，教师进一步通过拓展。（1）强脚力，在调查研究时代问题上下更大功夫。如何更好地调查研究时代问题？"调查研究是谋事之基、成事之道，阐明要拜人民为师，向人民取经，放下身段、扑下身子、迈开步子到车间码头、田间地头、市场社区中"体察世间冷暖、民众忧乐、现实矛盾，从中找到人生真谛、生命价值、事业方向"。（2）活脑力，在科学思量时代问题上下更大功夫。如何更好地科学思考时代问题？就用仔细研读毛泽东的原著，在学习为中找到正确的思想方法和工作方法，长知识增本领。

（3）勇担当，在崇德向善的新时代，不断为国家和人民做贡献。学生朗诵自己课前完成的演讲稿。推动学生与毛泽东在情感上达成共鸣，让课堂达到认同的高潮，使本节课程的学习目的"在实现中国梦的实践中放飞青春梦想"得以走进学生心坎里。

实践教学环节四：课程总结

各组同学集中到一起进行课程总结，分享各个实践环节的心得体会，教师进行总结，通过本次实践课堂的学习，通过过了解毛泽东的好学生角色，让我们在学思践悟中理解明大德的意义；通过认知毛泽东的好导师角色，让我们在艰苦创业中锤炼道德品质；通过理解毛泽东的"好医生"角色，让在崇德向善中知行合一担当有为，积极创造有价值的人生。

课后作业：

我们该如何传承中华传统美德和革命道德，遵守社会主义公德，做明大德守公德严私德的时代新人？课下大家积极思考，完成文字版实践作业，并写出千字以上的实践课心得体会并上传至超星平台。

第三节　"晓律法，做合格的社会主义事业的建设者和接班人"模块

一、教学基本情况

教学内容：《思想道德修养与法律基础》绪论：做有理想有本领有担当的时代新人

教学时间：2课时

教学模式：理实结合"情浸式"实践教学模式

教学手段：联合分组式教学（教师联合，学生分组）

教学对象：大一学生

教学地点：天津海河教育园区思想政治教育实践基地

二、教学目标

引导和帮助学生进一步学习马克思主义法学理论，深刻理解社会主义法律本质特征和运行机制，整体把握以宪法为核心的中国特色社会主义法律体系、法治体系构成和法治道路的精髓。引导和帮助学生树立正确的法治观，理性看待中国依法治国发展进程中出现的矛盾和问题，深入理解我国的治理体系与治理能力的现代化。激发学生养成良好的法治思维和行为方式，提高法治素养。

三、教学设计

运用"问题链"导入法，通过基地的实践教学资源和理实结合"情浸式"教学模式，提升学生对马克思主义法学理论的认识和理解，解决学生的思想困惑。

"问题链"导入教学：设置五个问题，每一个实践环节解决一个问题：一是我国历史上崇尚德治难道没有法治吗？二是青年大学生受到哪些法律的保护？三是如何看待中国特色社会主义法律体系、法治体系构成和法治道路？四

是大学生如何对待《宪法》？五是新时代大学生如何做尊法崇德的社会主义事业的建设者和接班人？

四、教学创新点

在天津海河教育园区思想政治教育实践基地营造的思政实践氛围里，思政教师采取理实结合"情浸式"实践教学模式，培养学生的法治思维，激发学生学法守法用法的积极性和主动性，引导学生以实际行动带动全社会的崇德向善，努力做尊法学法守法用法的时代新人。

五、教学过程

天津海河教育园区思想政治教育实践基地三楼法治厅，由主讲教师从道德厅与法治厅衔接的"红绿灯"设计理念引入课程：法律与道德无时不刻、无所不在地成为大学生人生各阶段的"红绿灯"，知底线，守规范，才能在中国特色社会主义法治国家更好地生存与发展。联系"晓律法，做合格的社会主义事业的建设者和接班人"这个主题，思考课前提出的四个问题。

实践教学环节一：我国历史上崇尚德治难道没有法治吗？

课前给学生下发两个任务：一是查阅中国法制史的相关资料，了解中国法制到法治的发展进程；二是结合基地的内容，准备课上的法制史知识竞赛。课上通过视频学习和知识竞赛，进一步强化学生们对中国特色社会主义法治进程的了解。

观看实践基地法治大屏，观后结合课前的准备，利用超星学习通启动中国法制史知识竞赛。竞赛结束后，由教师进行法制发展的框架梳理。教师补充《唐律疏议》、《宋刑统》等法律的重点内容以及法律实施的情况，引发学生从唐宋的繁盛对法律的社会作用深入思考，帮助学生意识到中国步入"强起来"必须要建设社会主义法治国家，全面依法治国。

实践教学环节二：青年大学生受到哪些法律的保护？

课前给学生下发三个任务：一是11道与大学生密切相关的问题，让学生分小组，每组准备2-3道题；二是安排学生复习理论知识部分，判断11个问题是涉及道德问题，还是涉及法律问题？搜集区分法律与道德的相关知识。三是思考这些法律法规的制定者以及法律渊源。

问题一：年满18周岁的中国公民的法律常识

（1）能恋爱吗？

（2）能在大学期间结婚吗？

（3）能成为房主吗？

（4）能网购价值过万的苹果电脑吗？

（5）能出版诗集赚稿费吗？

（6）能取得驾驶执照吗？

（7）能在新冠状病毒染病期间逛超市购物准备家庭聚会吗？

（8）能将未婚生的孩子丢弃或卖掉吗？

（9）能休学自主创业开公司吗？

（10）能被选为人大代表吗？

（11）能成为自己弟弟的诉讼代理人或辩护人吗？

学生分组展示，互动交流，而后教师做出每道题的正误辨析。这11个问题涉及到青年学生社会生活的方方面面，绝大部分是学生密切关注的法律问题，师生互动交流得出结论：我们生活在社会主义法治国家，我们的一言一行都可能涉及法律问题。

问题二：上述11个问题哪些是法律问题，哪些是道德问题？法律与道德的区别及联系是什么？

学生回答，教师勘误。教师进一步引申讲解：法律与道德的区别与联系。

问题三：上述10个法律问题所属的法律部门是什么？制定者是谁？

在学生回答的基础上，教师做出每道题的正误辨析。并进行这一实践环节的总结。大学生要全面了解我国法律体系的构成，懂得各个法律部门及重要法律的基本功能。

实践教学环节三：如何看待中国特色社会主义法律体系、
法治体系构成和法治道路？

问题一：分析展板中国特色社会主义法律体系

学生准确能抢答不同法律部门的重要内容，理解我国以宪法为核心的社会主义法律体系的构成要素。并结合与大学生活密切相关的法律法规所属的法律部门，及其相应的法律效力和制定机关。

问题二：感受我国的法律运行

在展板墙，法律运行的齿轮前，挑选幸运学生，让学生拨动齿轮，感性认知法律制定、法律执行、法律适用、法律遵守的联动。而后，教师总结。法律的运行是一个从创制、实施到实现的过程。这个过程主要包括法律制定、法律执行、法律适用、法律遵守等环节。法律制定是国家对权利和义务及社会利益和负担进行的权威性分配，法律的执行、适用、遵守则是把法律规范转化为法律实践，把法定的权利和义务转化为现实的权利和义务。我国社会主义法律的运行具有鲜明的中国特色。

问题三：结合法律的运行，全面依法治国的基本格局是什么？

学生回答的基础上，教师引申：推进全面依法治国，必须从立法、执法、司法、守法四个方面统筹推进。

问题四：结合法律的运行，请问建设中国特色社会主义法治体系的主要内容是什么？

学生回答的基础上，教师解答学生的疑点与困惑。比如给学生解答为什么我们要有完善的党内法规体系。

问题五：如何走中国特色社会主义法治道路？

学生演讲：建设中国特色社会主义法治道路。随后，教师进行本环节实践活动的点评与总结。

实践教学环节四：学《宪法》懂《宪法》尊《宪法》

课前给学生下发三个任务：一是课前上网查看人民法治网动漫版《小明与

宪法的故事》，网址http://www.rmfz.org.cn/contents/551/174109.html；二是制作宪法修正案展板；三是准备一个与宪法有关的情景剧。

问题一：大家讲一讲《小明与宪法的故事》，发现宪法就在我们身边。

问题二：大家互评与自评结合，选出《宪法修正案》最佳展板制作小组，为宪法知识竞赛做准备。

问题三：利用超星的随机选人功能，开展《宪法》序言接力读活动。而后教师点评：从鸦片战争中国沦为半殖民地半封建社会到我们从"站起来"、"富起来"在到"强起来"，依法治国，就是依宪治国，我们要尊重宪法的权威。

问题四：宪法相关情景剧出演

演出结束，教师进行短评。

问题五：模拟公务人员，进行《宪法》宣誓，以下为《宪法》宣誓词：

我宣誓：忠于中华人民共和国宪法，维护宪法权威，履行法定职责，忠于祖国、忠于人民，恪尽职守、廉洁奉公，接受人民监督，为建设富强民主文明和谐美丽的社会主义现代化强国努力奋斗！

最后，由教师进行引申。宪法是中国特色社会主义法律体系的核心，是全面依法治国的重要内容，是建设中国特色社会主义法治体系的前提和基础。大学生要理解我国宪法地位和确立的基本原则，深化对法治中国的制度认知，增强推动法治中国建设的实践本领。

实践教学环节五：新时代大学生如何做尊法崇德的社会主义事业的建设者和接班人？

课前给学生布置四任务：一是辩论题"法治还要不要德治？"；二是"女大学生拒让座事件"的案例分析；三是利用课余时间，参加一次庭审的旁听；四是新时代大学生如何做尊法崇德的社会主义事业的建设者和接班人？

辩论题：

组队，教师进行总结。

问题二：案例分析

这是一个曾被微信刷屏的女大学生拒让座事件。事件的基本经过如下：一位去成都看病的老人因为没买到高铁坐票，看到一个空闲的座位就坐了下来。座位的主人是一位女大学生的，她到来后请老人起来。这时老人女儿请求大学生挤挤，但是被这位女大学生拒绝了。这种情况下一位中年男子起身给老人让了座位。老人女儿对女大学生说："年轻人，多学学"。女大学生听后，感觉很委屈，随后发微信朋友圈，问"坐自己的座位难道错了吗？"微信朋友圈的这条信息很快被传播、热议和转载，带来大量对她的评论及热议。此事件的讨论焦点为学生设定情境性问题，让学生就此案例进行分析、讨论。

（1）如果你是当事人，你会选择让座吗？并说明你的行为选择的理由。

（2）老人女儿的质问是"道德绑架"吗？

（3）在中国特色社会主义法治国家中，如何看待享有权利与履行义务之间的关系？

在学生讨论的基础上，教师进行理论的拓展延伸和价值引领。

首先肯定少部分选择让座学生的道德示范效应，能够起到感染他人、传播正能量的作用。同时指出大部分的同学选择不让座，具有强烈的权利意识。针对大多数同学认可的问题："不买座位，非让别人让座，这是道德绑架。"，进行价值引领，道德绑架这个看似比较全面和理性的分析，强调不让座权利实质上是自私自利的行为，进一步和学生交流"以权利的名义是否在推卸道德责任？"。在剖析了《合同法》中的权利与义务关系后，指出社会主义核心价值观所导向的人与人之间最基本的关系该如何处理，为什么修订新宪法时将核心价值观写入宪法。在中国特色社会主义社会主义法治国家中，如何处理利他与利己的关系。

问题三：旁听庭审的感受是什么？

学生交流的基础上，教师鼓励学生们多参加法律实践，增强法律意识，提升法治素养。

问题四：新时代大学生如何做尊法崇德的社会主义事业的建设者和接班人？

教师回应学生们的说法，教师进一步总结。

实践教学环节六：课程总结

　　各组同学集中到一起进行课程总结，分享各个实践环节的心得体会，教师进行总结，通过本次实践课堂的学习，作为时代新人，学法、懂法、守法、用法，我们才能更好地在社会主义法治国家生存与发展，才能成为合格的公民。但是这远远不够，我们培养和弘扬社会主义核心价值观的同时，不断提升思想道德素质和法治素养，做尊法崇德的社会主义事业的建设者和接班人。

　　课后作业：

　　新时代如何做尊法崇德的社会主义事业的建设者和接班人？课下大家积极思考，完成文字版实践作业，并写出千字以上的实践课心得体会并上传至超星平台。

第六章　思想道德修养与法律基础实践教学的创新与思考

第一节　大思政背景下家校协同大学新生思政课实践教学的拓展与延伸

全国高校思想政治工作会议总书记习近平强调，高校思想政治工作关系高校培养什么样的人、如何培养人以及为谁培养人这个根本问题。要坚持把立德树人作为中心环节，把思想政治工作贯穿教育教学全过程，实现全程育人、全方位育人，努力开创我国高等教育事业发展新局面。

思想政治教育，事关立德树人的根本任务，不能仅仅理解为开设一门或几门思想政治理论的知识课。办好思政教育，要放在世界百年未有之大变局、党和国家事业发展全局中来看待，要从坚持和发展中国特色社会主义、建设社会主义现代化强国、实现中华民族伟大复兴的高度来筹划，要融入青少年终身学习、全方位受教的过程中来对待。坚持用党的创新理论武装头脑，扎根于社会主义核心价值观教育的全过程，不管什么时候，为党育人的初心不能忘，为国育才的立场不能改。

一、"大思政"格局中的高职院校的地位

构建"大思政"格局是习近平总书记在高校思想政治工作会议上着重阐述的重要思想。对于"大思政"育人的格局的理解，普遍的观点集中在思政课是主渠道，重点是"大思政"课程体系建设，要树立"思政课程"与"课程思政"相统一的理念，需要课内与课外相结合、需要教书与育人相结合、需要潜心问道和关注社会相结合。但是，从思想政治教育的规律、青少年成长的规律与青少年认知规律的整体分析来看，对于"大思政格局"的理解应该更宽泛一些，因为家庭教育在青少年成长成才中是不可或缺的，"大思政格局"中当然也必须将家庭教育容纳其中。尤其在青年成长的关键期，"全员参与、齐抓共管"不仅包括家庭成员，实际也包括全体社会成员。因此，"大思政格局"要从3个层面来理解和把握：一是高校思想政治工作来看，需要高校的教职员工的全员参与、齐抓共管。即除了思政教学部门，校党办、组织部、宣传部、教务

处、学工处、团委等各职能部门都有责任和义务参与到思想政治教育中来。二是从社会育人来看，大学期间是青年学生人生阶段的"一段渠"，是从学校过度到社会的一个关键储备期，全社会都应该为青年学生提供适宜的思想政治教育的环境和氛围，这也是中国特色社会主义制度本质决定的；三是从人的一生来看，大学期间也是从原生家庭准备步入自我家庭的一个衔接期，无论任何时期，家庭教育的职责都不能缺席，父母作为"人生第一师"的角色永远不会改变。从某种角度来讲，思政教育，就是帮助学生认识人生应该在哪用力、如何用心、做什么样的人的工作。青年阶段是人生的"拔节孕穗期"，最需要精心引导和栽培。培养好担当民族复兴大任的时代新人，培养好德智体美劳全面发展的社会主义建设者和接班人，不仅仅是学校的职责，而是学校、家庭和社会合力的结果。在"大思政"格局，高校处在核心地位。高等职业教育是我国高等教育的重要组成部分，肩负着为国家培养职业技能型人才的重任，高职学生成为我国社会主义建设的有生力量，高职院校在"大思政"格局中其中重要的作用。

二、大思政背景下的家校协同的内涵

在我国高校思想政治理论课教育教学改革与创新过程中，"大思政"教育教学模式已渐成趋势，已演化为理论研究与实践操作中的热点焦点话题。这一模式通常被学界描述为是以"以人为本、实现人的全面发展"和"育人为本、德育为先"为价值理念，以"全员育人、全方位育人、全过程育人"和强调各种思想政治理论课教育教学资源整体化、综合化、一体化为基本特征。

合作社会发展趋势不仅存在于国际关系方面，也广泛存在于人类社会不同领域、不同层次和不同范围的活动及其关系之中。同样，高校思政课"大思政"教育教学模式也正是合作社会之发展趋势与崇高理想之具体展现。因为，这一模式中的"大"不仅表现出对于思政课教育教学资源的多元性、广泛性、开放性的需要，也表现出对于这些资源整合的整体性、一体性、有机性的需要。其所体现的核心价值理念就是"整合"、"协调"、"统筹"，即整合、协调或统筹包括高校思政课教育教学主体在内的处于不同时空中的各种教育教学资源，以利于破解传统的"课堂灌输"模式，实现马克思主义理论教育教学的"知、信、行"的统一，实现思政课教育教学的"育德、育心、育人"的统一，从而实现教育教学效果最大化和最优化。其中，在很大程度上，"整合"、"协调"或"统筹"也就是指多元的教育教学主体之间的合作，以形成教育教学的最大合力，最终实现教育教学效益最大化最优化。从这个意义上说，"大思政"教育教学模式的实质也就是"合作思政"教育教学模式。这个模式所倡导的合作主体包括高校的思政课专任教师之间的合作，高校思政课专任教师与思想政治工作者、专业教师、管理人员、服务人员之间的合作，高校之间、高校与社会、家庭、大众媒体、企业之间的合作。合作内容包括高校各门思政课教学之间、高校思政课教学与人文素质教育教学、心理健康教育教学、人际关系教育教学以及其他专业知识教育教学之间的合作；思想政治理论课的课堂实践教育教学与校园文化实践教育教学、显性实践教育教学与隐性实践教育教学、社会实践教育教学、科研实践教育教学、创业实践教育教学、网络教育教学等之间的合作；思政课的大学不同年级、中小学生与本科生、本科生与研究生、在校生与毕业生等不同教育教学阶段之间的合作。

正是在合作社会发展的背景下，我国已有学者将"协同学"、"协同创新"、"协同治理"、"整体性治理"、"合作教育"、"合作教学"等有关合作理论运用于思想政治理论课教育教学模式的探讨之中。如有学者认为，协同学即"协同合作之学"，协同治理就是以社会分工为基础、通过社会组织的共同努力，实现社会系统的有序发展和持续发展。而协同治理运用于学校思想政治教育工作之中，就是强调学校、社会和家庭等各教育主体之间的相互协作。协同论者认为，任何一个系统内部都存在着相互作用的不同要素，一些因素会经常干扰而导致系统呈现相对无序状态。只有当外界力量对系统中各个要素施加一定程度的影响时，系统内的不同要素才会呈现出协调发展态势，进而达到一种有序和谐状态，从而促进系统发出最佳或最优的功能。同理，在构建各方协同的高校思想政治理论教育教学模式中，思想政治理论课教育教学就应当充分利用各种思想政治教育的资源优势，最大限度地整合学校各职能部门、各院系、各专业的思想政治教育资源来助力与支撑思想政治理论课建设。具体包括牢固树立协同教育理念，建立健全学校党委统一领导下的党委书记亲自主管、分管思想政治工作的副书记和分管教学工作的副校长都要参与的协同管理领导体制，建立健全由宣传部、学生处、团委、思想政治理论教研部、教务处、研究生处等多个职能部门以及二级院系教学单位分工协同的工作运行机制，加强思想政治理论课教师和日常思想政治教育工作队伍的协同与建设。还有学者认为，以马克思主义"整体"观的角度看，应当从领导结构一体化、师资队伍整体化、课程建设综合化、育人资源统合化四个方面构建全员参与、时空延展、体系开放的"大思政"思想政治教育模式。相反，由于整体性治理视野的缺乏，也是导致目前思想政治理论教育教学理念、教学制度、教学课程设置、教学内容协调、教学队伍整合、教学考核合作、教学管理配合等诸多方面都难以形成教育教学的最大合力，因而也就不能最大限度地实现大学生思想政治教育主渠道的应有功能。

当然，上述运用的有关合作理论并不统一，其本身还存在着进一步梳理与创新的必要，但显然都表达了合作社会和合作理论呼唤合作思政即"大思政"的发展理念。因此，创立中国特色的合作社会理论体系，并运用于高校思政课"大思政"教育教学模式构建之中，也是时代赋予我们的光荣使命。

三、家校协同大学新生思政课实践教学的重要性

针对高职新生大学适应期的思想政治教育，除了思政教学部门，校党委、宣传部、教务处、学工处、团委、宿管办等各职能部门按照责任和义务参与其中。在学校思想政治理论课教师座谈会上，习近平总书记强调："推动思想政治理论课改革创新，要不断增强思政课的思想性、理论性和亲和力、针对性。"因此，思政教学部门运用课程论、教学论等理论，立足思政课课程本身，深入探讨思政课在高职新生培养中的地位和作用，运用实践教学的方式引领高职新生顺利度过新阶段，是具有非常重要的理论意义和现实意义。那么，如何在大一学生思政课的空窗期对思政课实践教学进行延伸呢？那就是将思政课实践教学前置于理论课。更明确地说，就是从高职新生拿到录取通知书到正式上课前的这段时间，采用家校协同的方式确保实践教学的目标达成。

（一）思政课实践教学前置的必要性

1. 思政课内容繁杂是根源

《思想道德修养与法律基础》中有关思想道德修养部分与中学阶段有重叠部分，但理论具有相当深度和广度，更重要的是，高职新生从理论认知到行为养成，再从行为养成到实践践行又是缓慢渐进的历程。第六章法治篇占据全书的四分之一，旨在培养法治社会的合格公民的重要性不言而喻。但是其理论的

概括和凝练对于非法学背景的思政课教师难以驾驭。如果说，讲好理论本身就带有挑战性的话，开展思政课的实践教学更具挑战性。

2. 高职新生面临成长转型是契机

高职大一新生跨入大学，适应大学生活是少年期迈入青年期的关键时期，也是他们离开父母、独自和同龄人生活的一个开始。在心理"断乳期"将涉及到学习、生活、交友等诸多新问题、新矛盾，尤其是心理方面容易出现偏差，这期间是他们需要教师引导、父母亲人关爱、朋友的支持。发挥思政课教师长期密切关注新生这一特定群体，更好地利用思政课的独特性，协调学校各相关部门及教职工，以及新生的家人，通过对新生的更深入的了解，为上好思政课提供有利条件。

3. 高职新生文化底蕴薄是难点

随着高校的不断扩招，80%以上的青年步入大学的殿堂，其中高职学生在这个群体中整体素质不高，文化底蕴相对薄弱。他们中有迫于家庭和社会的压力应付各种考试，自主学习的积极性和热情被应试折损，缺乏知识储备的实践教学很容易成为无源之水无本之木。以第六章法治观教育教学为例，在2018版教科书重新修订之前，中学的法治观教育几乎是空白。通过超星的问卷调查，高职学生对于法律常识知之甚少，对于法治与依法治国的理解更是肤浅，在短短的10课时左右的课堂教学中达到法治观的教学目标很难，思政课教师普遍反映法治观的实践教学很难展开。

4. 高职新生实践能力弱是关键

长期以来，思政课虽然受到重视，但是思政课主要集中在理论灌输的传统教学模式中徘徊。受制于思政课教育教学理念、经费、实践场馆建设、安全、师资实践能力等诸多因素的影响，特别是高考指挥棒的重压，中学阶段几乎没有实践教学的体制与机制。这是造成高职新生对于思政课的实践教学无所适从的根本原因，再加上他们社会经验非常匮乏，无法抵制充满诱惑的社会。因此才会出现徐玉玉的类似事件，究其根本是高职新生实践能力差有着必然的联系。

5. 思政课大班授课教学难是挑战

思政课教师队伍尽管不断扩大，但是1:350的师生比例在短时间内难以完成，20人左右的思政课教学团队面对万人左右的学生开展思政课教学是常态，大班教学的难题既影响理论教学的时效性，又给实践教学造成困境。目前，思政课实践教学的探索与创新成果不断，但大部分行之有效的探索模式是在本科院校，高职院校的成果相对较少，而且质量也参差不齐。班内分组可以解决大班合班的困境，但是专职实践教学教师的配备又是难题，而且熟练掌握理论又能驾轻就熟应对高职学生的专职实践教学教师真的少之又少。思政课大班实践教学处处面临挑战。

（二）思政课实践教学前置的可行性

1.“大思政格局”成为共识是前提

自全国高校思想政治工作会议召开以来，“大思政格局”已深入人心，得到广大思想政治教育工作者的支持和拥护。高职院校作为知识的集散地真理的重要传播源之一，在院校党委的领导下，已经树立了开放性的整体的“大思政格局”观。高职院校正以开放的心态，积极吸纳社会环境中有益的德育资源和力量为己所用。在当代开放社会，网络信息无所不在、无处不行、无时不有，这就让围绕着学校为中心的家校协同思政课实践教学的格局得以存在成为可能。

2. 注重家庭教育的中国传统是基础

中华民族是素以崇尚道德著称的礼仪之邦，中国古代德育思想蕴涵着深刻的精髓，以其勃勃生机与现时代融为一体。家庭教育作为社会教育的有机组成部分，更是维系家庭、保证世系相续和培养德才兼备的家庭继承人的重要手段。上至帝王，下至百姓，皆以教育子女为父母之责任。中国传统家庭教育《三字经》说：“养不教，父之过；苟不教，性乃迁。”就是最好的例子。时至今日，注重对子女的教育，一直作为父母的重大责任和义务传承下来。在子女升入大学成长成才的关键期，很多明智的父母非常重视子女的大学新生活的适应问题，他们积极地参与到家校协同育人的行动中。

3. 思政教师实践教学能力不断提升是抓手

近年来，注重“立德树人”的思想政治教育，为全国各级各类思想政治教育工作者积极踊跃地投身培育时代新人的工作中，思政课教师占领着思政的主战场，精心备课创课，不断地创新教学方法，不断尝试创新方式，实践教学能力和水平不断增进。在信息化教学手段的引入下，提高了工作效率和工作的获得感和满足感，为推进家校协同的高职新生的基础课实践教学想出了新对策。

4. 高职新生成人成才的愿望是契机

高职学生对大学生充满了憧憬和期待，正以跃跃欲试心态期待着大学生活的开启。随着逻辑思考力的增加，他们通过不断地学习具备了一定的科学见解和评判能力。摆脱了应试教育的藩篱，他们放飞自我、追逐理想，对未来充满信心。而且，他们想在高考结束与大学生活到来之间了解社会，接触真正的生活。有的去旅行开眼界、有的买新书赶紧来充电。当然，他们青春激动的心也希望大学生活是提前渗入，好为充实的大学新生活做好准备与应对。

5. 网络信息的畅通是有利条件

2020年，5G网络技术的应用与推广，为网络信息化条件下的思政课实践教学提供了迅捷便利的条件。通过关注高职学院的公众账号和学院官网，立马就查询到大量信息，当然包括思政课教师精心设计的实践教学方案，只要在录取通知书上加个二维码，手机扫一扫也可知悉。

（三）思政课实践教学前置的家校协同机制

所谓协同论，是对系统协同性研究的一种理论。该理论认为，在一个系统内各要素之间存在相互作用的特点，因常受一些因素的干扰而呈现出相对的无序性状态，外界力量对系统中各要素施加影响达到一定的程度时，系统内的要素才会呈现出协调的态势，达到一种有序状态，从而更好地发挥系统的作用。协同论基础上产生的协同教育机制，给高职大学新生学生思政课实践教学改革提供了一个新视角。高职大学新生基础课实践教学协同教育正是一个包含多要素（家庭、社会、学校、教师、学生）相互作用的系统。正确认识这一系统的构成要素和运行机理，有助于我们更好地把握当前高职新生思想政治教育所面临的问题和解决问题的途径。

家校协同机制由两大部分组成。首先，高职院校中负责学生思想政治工作的不只有思政课部门，普遍的观点认为包括学校党委、学生处、团委和各系部的党支部、团支部和辅导员、宿管办等。但在大思政格局中，高职院校的招生办、就业办以及心理咨询室都是其中必不可少的一部分，都发挥着重要的作用。其次，面临高职新生的大学适应的问题，每年都有心理问题的新生给学院和家庭带来意，尤其涉及高职新生的思想政治素质、心理健康素质等问题，家庭的介入必不可少。

家校协同机制围绕高职新生的学习、生活、精神、心理等各个方面协同发力，通过各个要素的共同努力，发挥各自的优势，起到协同育人的效果。其中，党委的领导、统领各方是关键，思政部门思想引领是重点，各个部门共献关爱是优势，家庭教育不缺席是助力，起到育人联动的有效运转。在这个机制体系里，通过网络、微信、QQ群等信息化手段，实现家校共担育人职责。

家校协同机制在我国九年义务教育阶段已积累了宝贵的经验，通过这样的机制，在子女成长的关键期强化家长的责任和教育子女的能力和水平，也是目前思政大格局中需要进一步研究的问题。

四、家校协同高职新生思政课实践教学的拓展与延伸

高职新生思政课实践教学的延伸实际上就是高职新生思政课实践教学前置，它与思政课实践教学是密不可分的统一整体，全部归属于思政课实践教学的课程体系。

1. 高职新生前置的思政课实践教学概述

高职新生前置的思政课实践教学内容设定来自于思政课的理论课程体系，以知民情晓国情、明道德晓法度为中心内容。为了解决高职新生转型期要应对各种问题，大思政背景下家校协同机制首先在学院的协同机制主导下启动，最关键的是找准问题。为此由专管思想政治的校领导出面，组织思政部老师和各院系教学主任、学生处、团委、系学生辅导员、心理咨询老师和就业指导老师的研讨会议。通过这样的会议，提高了大家对做好大学生思想政治协同教育的认识，促进了协同教育的共识。更重要的是在"全员参与、齐抓共管"的协同机制下，由思政部牵头，吸收各部门及其教师的意见和建议，共同拟定围绕思政课实践教学展开的实践教学任务单。并在招生办和教务处的大力协助下，与录取通知书一起下达到每一位新生手中，并由家长协助、敦促与监督完成其中的项目。

2. 高职新生前置的思政课实践教学的课程性质

高职新生前置的思政课实践教学的课程，统一隶属于思政课实践教学的课程之下。至于思政课课程前置完全是由于思政课的特殊性决定。思政课是立德树人的主课，承载重大的人生社会方面的一个问题，而且内容广泛，时间很紧、任务繁重，很难极短的教学时断内有重大突破。思政课重点需要解决涉及到青年人成长成才的关键问题，青年大学生世界观、人生观、价值观、道德观

和法治观的形成期的关键问题，而且涉及到思想道德修养与法律素养的一的综合素质的全面提升。这些对人的一生有重大影响的问题，如果没有一定的社会经验的积累，没有对社会、国情、人生等重大问题有一定的理论的储备，则很难在有限的思政课堂解决理论性和实践性极强的问题。这也是思政实践教学前置的重要原因所在。简言之，高职新生思政实践教学的知识储备两是关乎目前思政课实践教学难以深入展开、即使展开也时效性比较差的的非常重要的原因。思政课实践教学前置只是实践起始的时间端前移，它理应属于完整的思政课实践教学。

3. 高职新生前置的思政课实践教学时间和地点的特殊性

由于高职新生拿到录取通知书，只是获得入学的资格，尚未经过报到确认高职学生的身份，与高职院校之间还不构成严格意义上的教育者与被教育者之间的法律关系，两者之间的法律关系并未确认，因此从时间上就分为入校前和入校后两部分，而高职新生前置的思政课实践教学时间更多的是界定在入校前的实践活动。而地点的选择出于安全和经济确认为生源的居住地，实践的空间范围是学生熟悉的家乡的乡镇或城区。

4. 高职新生前置的思政课实践教学选题范围

（1）探访族人或长辈，了解百年来家族的变迁，可以从衣食住行的变化、职业发展的变动、尊老孝亲等家庭关系的处理等方面，从小家的真实生活去感悟国家的发展进程。

（2）到居住地的企业单位社区农村参观访问，寻访建国前后、改革开放前后以及新时代的变化情况，在自己的切身实践中去知民情晓国情。

（3）走访家乡所在地的井冈山时期的老红军，抗日战争时期的老八路军，解放战争时期的老解放军，了解他们的事迹和生平。

（4）了解家乡的红色资源，经济、政治、文化等大事件。

（5）读一本伟人传记，追寻伟人的成长历程。

（6）调查所学专业在生源地的就业创业的状况，并分析预测发展前景。

（7）参加一周的志愿者服务，记录自己的所思所想。

（8）调查大学新生可能遇到的问题及学长们的应对策略。

（9）了解父母家人的生活、工作等状况，为父母亲手制作一份礼物。

（10）鼓励有余力的同学就入学前后就自己感兴趣的问题进行调查研究。

（11）年满18周岁的中国公民的法律常识问题，进行普法教育。如：能恋爱吗？能在大学期间结婚吗？能成为房主吗？能网购价值过万的苹果电脑吗？能出版诗集赚稿费吗？能取得驾驶执照吗？能在新冠状病毒染病期间逛超市购物准备家庭聚会吗？能将未婚生的孩子丢弃或卖掉吗？能休学自主创业开公司吗？能被选为人大代表吗？能成为自己弟弟的诉讼代理人或辩护人吗？并选中一题，依照具体的法律部门，写出案例分析。

（12）关注高考结束后的国家以及国际热点问题。

5. 高职新生前置的思政课实践教学选题的承担

这些问题都是思政课课程所涉及的范围，正是思政课实践教学开展的第一手资料，将成为思政课实践教学的好抓手。但是由于高职新生离校未在学的特殊情况，而且有的问题是和家庭情况、家族发展、社区建设密切相关的，这些问题都需要和父母亲人集体完成。其他有关社会调查的问题，也最好有父母参与。这样既激发学生学习的积极性，也加重父母的责任感，不仅密切家庭关系，也促进了全家努力学习的良好氛围，为新生入学尽快适应自主学习创造有利条件。学习强国理念中只有学习才能强壮自己、壮大家庭、也才能强大国家。

另外，涉及自主学习的范围，将由学生独立完成，这同时是高职新生自主学习训练的必修课。在多年的思政课教学过程中，高职新生自主学习能力差是新生适应大学生活的最大障碍，也有的同学因此而产生焦虑、急躁等不良的心理情绪，甚至个别新生会产生抑郁倾向，给教育教学带来困难，也给家庭带来阴影。防患于未然，提前投入自主学习，就是提前进入大学。在网络信息迅捷的时代，高职新生的学习能力一定会稳步提升。

当高职新生报到入学后，这些问题就带到了思政课教师及有关的思想政治工作者面前，他们将按照各自的职能范围进行分工与合作。而且这些问题也会带到思政课的课堂里、实践活动中，让同龄的人中分享合作，互相借鉴，互相促进，互相进步，并在思政课教师的课堂中充分得到价值引领。激发他们做新时代担当有为的社会主义的建设者和接班人。

6. 家校协同高职新生思政课实践教学的发展趋势

教育需要解决知识教学和实践教学之间分离的问题，加强实践教学是必然的途径，而加强实践教学，从教育理念上将其前置到专业学习之前，从而真正实现实践教学贯穿人才培养的全过程。所有高校教师都负有实践育人的重要责任。高校要特别强化思政课教师队伍与学校党团组织工作者和辅导员、班主任队伍密切协作的组织形式。思政课教师要紧密配合社会、学校的重大思想理论斗争和时事政策教育工作调整、补充实践教学内容，为社会、学校的思想政治教育工作提供理论支持、智力支持；党团组织工作者和辅导员、班主任在开展思想教育工作、实践教学活动时要主动邀请思政课教师进行指导帮助。要推动地方政府整合社会各方力量，大力支持实践教学活动。现代社会具有信息性、开放性和整体互动性的特点，科技越发展，分工越精细，越需要沟通整合，越需要发挥共振效应。高校要积极构建家庭、社会、学校三维一体的思政课实践育人大系统，实现实践育人效果的整体优化。要加强与学生家长的沟通与交流，促使每一个家庭都肩负起促进大学生健康成长的神圣责任。要加强与地方党委和政府的沟通与交流，促使各级政府和党委建立由有关部门主要负责人参加的大学生社会实践党政联席办公会制度，把支持大学生社会实践列入政府财政预算，为大学生参观爱国主义教育基地、文化艺术场所等提供优惠条件。

从九年义务教育教育的宝贵经验做支撑，高职新生家校协同机制下的前置思政课实践教学，已引起很多关注高职新生教育教学的思想政治工作者及准大学生家长的兴趣，而且在学习强国的政策的指导下，将积聚大量有识之士参与到这个教育机制的探索创新中来，而且这也是教育的大局观、全局观的体现。实质上，将高职新生的身份角色进行剖解，我们看到，他们是父母的子女、是新时代的大学生、是社会团体中的个人、更是国家的公民。从角色支撑的角度，在"大思政"格局中，在高职新生家校协同机制下的前置思政课实践教学中找寻相应的职责。比如涉及的体制机制方面的宏观管理，涉及高职新生成长成才的各种课题的研究，比如思政育人方面家校协同的育人的共同课题，协同各方在各自关注与研究的领域针对高职新生的素质育人的课题，学院各专业协同人才发展方向的课题，家长在子女大学期间教育职责课题研究等等。这些课题的思考都是未来高职新生家校协同机制下的前置思政课实践教学模式的发展趋势。

第二节　"互联网+"推动大学生主体性实践教学——以超星平台为例

2019年"互联网+"推进教育领域发展"互联网+教育"，高校思政课作为立德树人关键课程，面对"00后"的原住网民，破解长期以来灌输为主的思想政治教育带来的弊端，深入开展大学生网络思想政治教育，成为助推培养担当有为时代新人的改革创新路径。我们应该如何利用"互联网+教育"改善基础课教学？如何能利用"互联网+教育"深化学生的基础课课理论认知？如何能利用"互联网+教育"增强学生的情感认同？如何能利用"互联网+教育"提升学生的践行能力？以"互联网+"为契机，围绕基础课"进教材、进课堂、进头脑"，达到对于学生的"入脑、入心、入行"，积极构建以移动互联网生态系统为依托的基础课供给侧改革，逐步实现课内外、线上与线下、教与学的完美结合。天津现代职业技术学院借力超星互联网思政课资源平台和信息化手段，依托天津海河教育园区思想政治教育实践基地的实践资源平台探索出了"互联网+"推动大学生主体性实践教学的新路径。

一、"互联网+"助力思政课实践教学

思政课性实践教学引入"互联网+"适应了全球化、数字化背景下新媒体迅猛发展的需要，有利于思政课利用现代信息手段占领新阵地，助力思政课实践教学创新改革。新媒体的迅速发展改变了人们的生活方式，信息化数字科学技术的飞速发展使新媒体迅速发展，包括网络电视、博客、播客交互式网络电视、QQ等在内的各种类型的媒体形式日益影响着学生的生活习惯和学习方式，学生逐渐自觉地使用手机、电脑、电子学习器等新媒介搜索引擎、传播信息、交流互动。新媒体为思政课教育教学提供了新环境、新载体和新工具，改变着师生关系，使传统师生之间的"一言堂"，"教师——新媒体学生"的隐性教育关系日益凸显，这就需要思政课教师跟上时代步伐，学会利用网络与学生进行间接性对话。主动利用互联网进行课程的改革创新，适应了时代变化的

需要，拓展了传统教育载体，突破了传统教有的时空局限，自觉占领了新媒体思想政治教育主阵地。

思政课实践教学引人"互联网+"适应了数字化环境下大学生素质教育发展的需要，可以利用"互联网+"在课外引导学生的思想认识、价值观念、政治党情，目前在校大学生的成长正好与互联网的飞速发展同步。现在的大学生日常接触网络的时间更长、频率更高，网络已经成为他们获取知识与社会信息的重要来源，是他们交流沟通的必需渠道。与学历较低的同龄人相比，大学生的新媒体技术水平较高，对新媒体信息的需求强烈，他们不只在意网络的娱乐功能，还关注着网络的新闻功能、学习功能、知识功能，因而网络对于大学生的影响力不只表现在生活方面，已经渗入其思想观念、道德品行、生活方式、审美情趣等层面。大学生获取信息的便捷，交往空间的扩展，潜移默化地影响着他们的思想意识、道德观念、价值尺度，对大学生的素质养成产生重要影响。但网络是把"双刃剑"，也带来了负面影响，导致大学生思想扭曲、心理异常。例如，过度依赖网络能造成——些学生网络成瘾、网络孤独或重人格障碍、情感纠葛、焦志症等，甚至弱化大学生的伦理道德。新媒体带来的各种强大的反面信息使部分学生思想迷失、信念模糊，使高校思想政治教育受到严峻挑战。主动将"互联网+"应用在思政课上，通过线上、线下实践联动，以社会主义核心价值体系引领新媒体思潮，能有效引导"互联网+"环境下大学生世界观、人生观和价值观的形成与发展。

同时，"互联网+"也适应了思政课教学方法改革创新的需要，拓宽了思政课实践教学的空间与渠道。目前，许多高校采用多媒体、讲座报告、社会实践、情景剧目等灵活多变的教学方式，提高课堂教学的效果，但很多方法并未针对数字化环境下新媒体学生思想发展新特点，使思想政治教育失去了课后教育的广阔阵地。传统方法不能满足学生课后获取信息、交流思想的需要，学生通过互联网等新媒体获取、交流思想的行为无法得到及时合理的引导。思想政治理论课引人新媒体是政治理论课教学方法改革的重大突破，它为思想政治理论课下教育提供了崭新平台，为"教师—新媒体-学生"新的师生交往关系提供了隐性教育的最新载体，是思想政治理论课教学方法政革创新的必然趋势。

二、"互联网+"助力思政课实践教学的优势

大学生开展思政课实践教学，除了在利用实践教育基地和社会实践活动载体外，还可以充分利用新媒体载体，在课堂中加入时事事件、社会热点视频和影视作品等，以体验的方式，引导学生通过讨论，做出正确的行为选择。新媒可以形象再现事件场景，使学生很身临其境，营造出大家参与其中的氛围，跟随视频中的人物和事件，做出自己的判断，并付诸行动，提升自己面对纷繁复杂社会现实时的行为选择能力。

1. "互联网+"为学生创设身临其境的情境

新媒体支持下的虚拟体验学习，实现了思政课回归生活世界的教育模式。胡塞尔说：我们的日常生活世界，是唯一实在的，通过知觉实际地被给予的。被经验到并能被经验到的世界"。在新媒体的支持下，实现对现实生活的仿真，使学生在体验过程中有身临其境之感，犹如置身于日常生活世界之中。学习道德和法律是一种生活过程，对于道德的理解和践行不能仅从抽象的理论去寻找，更应在生活的世界中去形成和提高。因此，新媒体带来的超越性体验，重要的是要在教室里、课堂上为学生进行现实生活的仿真，通过视频或游戏或仿真实验室的方式，直接呈现在学生面前的就是一个现实世界，是对生活世界的还原。通过对日常生活世界的呈现，使学生有机会对生活世界中的现实事件进行观察、分析、评价，我们借此可以更好地研究学生所达到的对知识的掌握和所达到的道德水准，这种方式对于这门课应该说有着独到的价值。

2. "互联网+"为学生获取资料提供便利

资料的获取是大学生进行实践的重要环节，准确可靠的资料可以为问题的解决提供线索。以往的实践教学活动，成员按照制订的方案进行资料搜集。小组成员获取资料的主要方式是图书馆的纸质图书、对权威专家的访谈以及问卷调查等，资料的获取方式比较单一。这样，相关资料的获取就成了最耗费时间和精力的环节，同时有限的资料来源制约了实践内容的顺利解决。随着数字化时代的到来，建立在互联网基础上的电子图书馆为信息获取提供了广泛的来源。互联网将全球的电子资料连接在起，在世界的任何一个角落，只要可以上网就可以接触到专业领域内最权威的、最前沿的资料。数字化时代的社会实践完全可以通过电子图书馆检索到丰富翔实的资料，这样为整个问题的解决提供

了重要依据。

3. "互联网+"为学生提供互助合作平台

新媒体技术的最大优点在于，它能够使大学生在参与社会实践的过程中，有更多展现着人与人、人与社会之间的关系。新媒体技术，有利于大学生突波时空限制，方便社会实践中的同步和异步交流。新媒体的交互性与及时性使人们之间的交流突破了时空障件，特别是以、QQ、微信等新媒体的应用使人们的交流方便快捷，图文并茂的实时聊天，而且每个小组成员都可以参与到讨论中来，小组交流讨论无处不在，个体与个体之间的互动还可以通过社会性软件扩散到个体与群体之间的交互，这种交流互动基于网络又被网络重构，具有强大的扩散效应。

比如，在《思想道德修养与法律基础》实践教学中可以选择微信作为学生数字化通信工具。微信兼具了电话的时效性，QQ的即时性、便捷性等诸多优点，是当前大学生广泛使用的新型交流方式。在组织学生开展社会实践的过程中，可以将班级学生分组建立课题实践群。利用微信的群发功能，社会实践学生可以发送关于思政课实践中某课题将要讨论的热点问题名称、背景资料、相关文献等，要求小组成员阅读后思考，然后在约定的时间通过微信对主题进行深人的、多方面的同步集中讨论，教师也便于对整个实践组讨论过程进行适时有效的监控。如对于某些讨论积极且有创新的学生，教师应及时给予表扬并将其观点进一步引申，对于某些对主题理解错误或讨论偏题的学生，给其单独发送短信并指出错误及不足之处，鼓励学生进步努力。

4. "互联网+"为学生提供多样化的表达

新媒体为社会实践作品的共享提供平台和支持。建立在网络技术和数字技术基的上的新媒体具有共享性和社会化的特征。诸如微信、微博、博客人人以及一些专门的视音频分享网站等新媒体为学生社会实践作品的共享提供了多样化的平台。DV作品可以被优院收录，所有的人只要可以上网都可以看到作品并参与评价和讨论。调查研究可以做成一个专门的微群、人人小站或者是一个专门的网站，通过网络将信息传达给更多的人。作品的链接又可以通过QQ、微博、人人等转发给更多的群体。这样的共享和交流已经超出了小组内部、小组之间，延伸到了更大的范围。为更好地提高"互联网+"思政课实践教学的实效，以提升学生素质养成，提出了"以学生为主体、以教师为指导、以科技为载体、以提升为目标"的实践素质教学理念，激励学生利用计算机、DV、手机等高科技手段自主设计PT、拍摄DV，调动学生课内课外学习政治理论的兴趣和热情，有效拓展了思政课实践教学形式。近年来出现在学校思想政治理论课课程网站上的一类资源，就是学生参与课程自己制作的相关优秀作品，包括PPT、动漫及各种视音频资料等，这是新媒体推动的学生主体性社会实践活动的证明和成果展示。开展此类大学生社会实践活动过程中，注重激发学生的主体性意识。教师围绕每章节主题内容布置任务，学生自己完成交流作品，教师和学生共同评选优秀作品并在课内外展示评比，激发广大学生的兴趣及参与热情。

三、"互联网+"给高职思政课带来的挑战

互联网+与教育融合已经形成不可阻挡的时代潮流趋势。第44次《中国互联网络发展状况统计报告》显示：截至2019年6月，我国手机网民规模达8.47亿。从学历结构看，受过大学专科、大学本科及以上教育的网民群体占比分别为10.5%、9.7%；从职业结构看，学生最多，占比为26%。网络虚拟世界中，大学生成为各网络平台及新媒体的主要群体。由于"00后"高职大学生生长在和平富裕的安乐环境中，没有经历过列强的蹂躏，没有亲历战火纷飞的革命洗礼，他们更多地是从书本了解民族、国家和社会。相较于本科生，高职学生的学习的积极性和主动性有较大差距，认知能力和实践能力也有很大的区别。他们涉世不深、缺乏判断是非能力，生理成熟但是心智还不成熟，尤其是思想政治素质和法治素养远未成熟。受长期以来的应试教育的影响，高职学生的马克思主义理论素养普遍不足，对政治理论学习的自觉性和积极性不高。在网络信息的冲击下更容易沦陷。如果说他们经历挫折主要是个人的际遇，比如学习的压力和人际交往的不顺畅抑或是青春萌动的失意，他们更容易被网络信息所左右。新时代的中国面临经济全球化、政治多极化、文化多元化、信息混杂化的种种挑战，中国特色社会主义的发展进程中面临着诸多新矛盾新问题，其中包括域外阻挠破坏中国发展强大的各种网络信息的夹击，目的是以分化青年大学生爱党爱国爱社会主义的政治根基。由此，在信息网络时代，网络的虚拟性、内容的多元性、观点的差异性，极大的冲击政治思想的主阵地，网络成为争夺意识形态的主战场。再者，网络平台及新媒体的信息传递与获取特质符合青年

学生的认知规律，网络的虚拟与直观让大学生有身临其境之感，有效刺激学生知识获取与精神需求，成为他们接触社会、了解社会、开拓视野、提高能力的很重要的途径。不过，的党的十九大以来，党中央充分认识到"互联网+"这把双刃剑，针对网络信息对青年大学生的影响，提出思政课承载"立德树人"的重要职能，因事而化、因时而动、因势而变，利用互联网广阔发展前景和无限的潜力，充分利用互联网技术推动大学生主体性实践教学，破解高职基础课实效性不强的难题。天津现代职业技术学院借力超星互联网思政课资源平台和信息化手段，探索以移动互联网生态系统为依托的基础课"互联网+"推动大学生主体性实践教学的新路径。

四、超星思政教学辅助系统助力天津现代职业技术学院思政课改革创新

超星思政从课程拍摄制作、教辅资源配备、平台技术支持等多方面服务教师，现代化的移动终端让老师们的课堂气氛更活跃，制作精美的案例视频让老师们的讲授更具感染力。

天津现代职业技术学院高度重视拓展思政课的深度和扩大学生的参与度，通过向超星集团引进体系完备、案例丰富、紧跟时政动态的教学资源库，向一线教师提供精准、贴合时政实事、资源类型多样、多维度便捷调用的课程包资源，大大减轻了老师备课查找资源的负担，让一线教师投入更多的精力进行精致的教学设计。同时，为了扩大教学参与程度，提高师生课堂互动效率，科学评价学生学习过程，学院也引进超星"一平三端"智慧教学系统，帮助教师将的传统教学方式和信息化技术手段有机结合，真正地践行"以学生为中心"的"线上线下相结合"教学模式。

五、立足教材的知识点，调研学生的需求点，找准教学切入点

要想让思政课"圈粉"，首先要知道"学生想要什么"。只有了解学生所需，才能提供学生所求。当下在校的学生，都是伴随着网络时代成长起来的一代，对于趣味性、互动性、发散性等，都有了新的更高的要求。"很多时候，老师是在跟手机抢学生的注意力。让课堂内容占领手机这个重要载体，很多学生没法在手机上分心玩别的，抬头率自然会高一些。"让学生抬起头来，首先要了解他们的所思所想、所疑所惑。

"学习通"APP在教学过程中的应用集中在课前、课中和课后三个环节。课前，很多教师主要通过"学习通"APP向学生推送课程资料，天津现代职业技术学院改革创新团队的教师最先着手的是调研学生的思想情况，做到知己知彼，摸准学生脉搏。具体而言，课程开课第一周，根据即将讲授内容，提前通过"学习通"的问卷调查功能向学生发放问卷，了解他们的相关思想状况。在讲授"幸福观"内容前，会在"学习通"上推送了《大学生幸福观状况》问卷，从而来初步了解学生对物质幸福与精神幸福、个人幸福与社会幸福、过程幸福与结果幸福等关系的认识，为课堂内容的讲授提供了参考，而后有针对性地准备课程的内容和展开方式，对影视动画专业的同学安排观剧《幸福来敲门》引入话题。而在讲授"法治观"内容前，在"学习通"上推送了《大学生法治观状况》问卷，初步了解学生法律背景基础知识、法律意识的现状及法律应用能力的情况，对旅游专业的同学从旅游法与未来的职业和旅游市场的规范着手进行备课。超星APP的这个问卷调研功能，对于了解学生的状况，有针对的性地进行备课，提供了很方便的条件。针对各专业各班级学生思想实际入手有针对性地备课，让思政课点燃学生们的学习热情，激发学生的学习积极性。

六、信息化思政课教学环境，点燃学生的参与热情

思政课教师是理论与现实的衔接者、历史与未来的衔接者、问题与答案的衔接者、继承与创新的衔接者。思政教育要不徐不疾，深入浅出，久久为功，娴熟地运用着APP里的抢答、投票、摇一摇选人等多种功能，让每一个同学都开动脑筋，做课堂的主人。

"传承红色基因，弘扬爱国主义"为主题的知识竞赛活动，也是《思想道德修养与法律基础》课程的延伸。现场，投票、测验、抢答、评分，所有环节均通过手机进行。经过4轮淘汰赛，优胜者脱颖而出。"以前上课多数是把手机放在讲台上，现在手机成了我们的学习助手，这种体验感很新鲜也很实用。""家是最小国，国是千万家，我们唯有沿着革命先辈的足迹，坚定理想信念，立志成才，将来才能为国家发展贡献青春力量。"演讲精彩处赢得了师生们热烈的掌声，气氛相当活跃。依托北京超星集团的优质网络教学资源，爱国主义知识竞赛的初赛便是基于《思想道德修养与法律基础》课程第三章内容进行的测验。"

传统教学模式是教师作为教学的主体，优势在于可以充分发挥教师的主导作用，在思想政治理论课上也有利于保证思想政治理论课教学的正确方向。但对于新时代的学生来说，则常处于被动接收、应付的状态，彼此缺少交流、自主探索、独立获取知识的机会。为了让学生收获更好的课堂体验效果，结合"00后"学生特点，增添了丰富活泼的课堂形式，还结合专业特点开展教学活动，为学生课前导课，安排学生进行主题分享，变枯燥的理论灌输为积极参与的互动式学习，让知识真正入脑入心，逐步让学生从"课堂埋头玩手机"变为"利用手机学课程"。

七、"APP+思政课"混合式教学模式，引领学生学思践悟真善美

全面创新思政课模式，通过混合式教学方式创新思政课形式，以"新的打开方式"，教育和引导大学生树立远大理想，在学思践悟中埋下真善美的种子，引导大学生"扣好人生第一粒扣子"。

例如，《思想道德修养与法律基础》中可以利用APP设置以下问题："大家如何看待公众场合的亲密举动？在你们眼里，恋爱中的不文明现象有哪些？"、"恋爱是自由的，但恋人间类似拥抱亲吻的亲密举动应该私下进行，被别人看到不好。"随着学生回答弹幕的弹出，活跃了学生们的思维，活跃了课堂氛围。在思政课堂上使用弹幕发言，对多数大学生来说新奇而有趣。学生轻点手机屏幕，就能让所有同学看到自己的发言。有些学生在传统课堂上从不举手，好像老师讲什么都与他无关，开启这种模式后，反而特别喜欢弹幕发言，内向的学生在课堂上也变得活泼了，上百人的大课堂，学生们也有更多的发言机会了。"手机APP+思政课"这一全新"打开方式"，将手机从"低头的工具"变成"抬头的利器"，学习体验变得新鲜，学生真正成为课堂的主体，思政课的吸引力和感染力大大提升了。

"思政小课堂与社会大课堂相结合"体验式学习方式，让学生"从学中做""在做中学。突出时代感、增强吸引力，是思政课改革的着力点。借助强大的信息系统和优势平台，引进"APP+思政课"的先进理念，不断革新思想政治理论课教学手段和方法，运用新媒体、新技术使思政课活起来，推动思政课传统优势同信息技术高度融合，积极探索构建了"手机APP+思政课"混合式教学形态。手机APP的有效使用让思政课堂不再局限于课中的教学实施，已经大

大延伸到了课前、课后。课前，教师在平台发布任务单，学生通过问卷调查、小测验、观看视频资料等方式进行课前预习探究，教师分析学情，提高教学针对性。课堂上运用APP签到、问卷、主题讨论、测验、作业等，并投屏到多媒体上。教师遵循灌输性和启发性相统一的原则，融合案例分析、启发式教学、情景教学、自主学习、小组合作学习等教学方法，引导学生发现问题、分析问题，更好实现知识培养和能力培养的统一。课后，教师还布置线上线下作业，巩固课堂所学的知识。

八、建设思政实践基地"情浸式"体悟红色传承

实践是个大课堂，生活是本教科书。想要增强大学生的思政课获得感，光靠传统的课堂理论教学已远远不够，坚持理论性和实践性相统一，使思政课教学由知识传授、理论教育的过程深化为价值认同、信仰坚定和能力提升的过程，从而达到"知、情、意、行"的统一。为让学生从感性认识上升到理性体验，采取了课堂实践与社会实践相结合的方式，不仅通过展现中国精神的诗词诵读会、演讲、小组讨论、主题分享等形式让学生自主参与，还结合学生的专业特点，安排了微视频拍摄制作、小组实践课程作业展示等。课堂实践围绕课程内容，通过创新的方式提高了学生的课堂兴趣，取得了良好的效果。通过实践的教学方法，真正让思政课堂"动起来"，让学生思维"活起来"。让大学生在象牙塔之外的社会大课堂中认识国情、丰富阅历，不断提升其认识问题、分析问题和解决实际问题的能力，进而实现理论知识与实践能力同步的提升。

天津现代职业技术学院思政部重点围绕"三项举措"打造实践的思政课。一是积极开展思政课堂实践。通过课堂讨论、演讲辩论、案例分析等方式，紧紧围绕教材的重点和难点问题、重大理论和现实问题以及学生关心的热点和焦点问题，理论联系实际。二是组织实地参观体验与实地调研。主要包括校内外参观考察、专题调研、人物访谈、政策宣讲等，让学生在广阔的社会中自我教育、自我管理、自我完善、自我提高。三是举办竞赛展演。通过知识竞赛、实践成果展示、情景剧比赛、创新创业大赛、文艺汇演等形式，汇报展示学习成果，加深对课程知识的理解和理论的认同。

九、探索建立科学全面客观学生基础课学习效果评价考核体系，激发学生成长动力

超星平台完整、全程记录学生的全面学习效果，通过移动终端可以查看学生的参与教学活动情况，学习效果数据一目了然。学习通在思政课堂引入了竞争激励机制。

每个人都有上进心、自尊心，耻于落后，其潜在心理都希望站在比别人更优越的地位上或"自己被当成重要的人物"，从心理学上来说，这种潜在心理就是自我优越的欲望。心理科学实验表明，竞争可以增加一个人50%或更大的创造力。在思政教学中有针对性地采取一定的竞争激励手段，可以有效提高学生学习积极性、主动性。

教育部关于《新时代高校思想政治理论课教学工作基本要求》的通知中指出，课堂教学方法创新要注重调动学生积极主动性。习近平总书记指出，思政课要给学生深刻的学习体验，触动学生心灵的教育才是好的教育，而竞争激励机制充分体现了以学生为主体的教学，并且能够极大程度地调动学生的积极主动性，因而，竞争激励机制非常符合新时代思政课改革的理念。

1. 个人积分排名

老师在学习通班级中上传学习资料，学生在课程中查阅课程章节，查看课件进行复习、预习，均可获取积分。学生完成每章的素质拓展作业，同学间互评点赞，获得学习积分。老师在学习通中编辑试卷，发布单元考试，把学生的考试成绩作为个人分数的重要依据。超星思政无纸化考试系统含有对应最新版思政教材的题库5000多道，支持智能组卷、随机派卷、后台监控、人脸识别等功能，充分优化资源，提高考试效率。

2. 小组积分

小组合作学习是解决思政课人数多，效果差这一难题的最佳方式，竞争激励机制可以很好地调动小组参与的积极性。

组建团队。教师对学生小组的建设要起到指导作用，可以设计团队组建原则，推选组长，形成团队，团队取名，小组经常性地进行课堂讨论及合作学习，有助于形成团队文化。

设计任务。教师根据教学内容安排，设计精彩纷呈的团队活动、小组任务。

即时激励。小组竞争过程中被，教师可以当场点评、打分，或者学生利用网络平台自主打分。通过量化小组表现，调动学生的积极性。

公布排名。定期公布小组积分排名，评选最强小组。

3. 组织班级竞赛

由于思政课堂都是合班教学，可以利用多班教学的优势，经常性地开展班级PK，可以极大地调动学生的积极性，这也是对学生集体荣誉感的培养。

班级辩论赛——佛系心态利大于弊还是弊大于利

让学生看，让学生听，不如让学生说，让学生做。思政课堂虽然一直以讲课为主，这个根本没有变，但不妨适当拨出一些时间，用竞争激励机制将课堂活动串起来，将课堂气氛活起来，将教学效果呈现出来。运用竞争激励机制来设计课堂活动，增强学生的参与度，锻炼他们的综合素质，特别是职业素养，更好地为就业做准备。与此同时，"00"后比较活跃，竞争激励机制用分数和鼓励来调动他们的积极性，满足了他们的个性特点，凸显"以人为本"的指导思想，满足学生成长发展的需求。

习近平总书记并指出，"办好思想政治理论课关键在教师，关键在发挥教师的积极性、主动性、创造性。思政课教师，要给学生心灵埋下真善美的种子，引导学生扣好人生第一粒扣子。"践行习近平总书记讲话精神，通过全员育人、全过程育人、全方位育人把立德树人的工作，利用"智慧教学系统"和"超星思政教辅系统"，变传统课堂为信息化的翻转课堂，利用大数据支撑课前、课中、课后，形成教学闭环，有效增强了教师课堂组织能力，学生的协同学习能力，提升了课堂教学效果，为学院的思政课程改革打开了新视角、新思路。以"进浸参与式"的教学方法通过精心设计的各项教学活动，用引导讨论的方法，带领学生进行分享讨论，引导学生自我察觉与反思，利用讲演诵唱的方式体悟真善美，让学生沉浸在获得知识的体验情景中，通过基础课的教学，学生了解国情和国史，明白我们当前所走发展道路的历史必然性，从而衷心拥护社会主义制度和社会主义道路。这门学科带给学生最大的收获，在于其深邃的思想和正确价值观与情感。真正实现习近平新时代中国特色社会主义思想进教材、进课堂、进头脑。

第三节 共建共享"理实结合、知行合一"思政课实践教学的新探索

习近平在《全国高校思想政治教育工作会议上的讲话》对大学生思想政治素质提出明确要求：正确认识世界和中国发展大势，正确认识中国特色和国际比较，正确认识时代责任和历史使命，正确认识远大抱负和脚踏实地。能够适应新时代要求、引领新时代发展的时代新人，应该"既要向书本学习，也要向实践学习。"不但具备扎实过硬的专业素质和技能，还要有明确坚定的方向目标，开阔理性的事业格局，超越一己私利的责任担当以及转知成识"知行合一"实践能力。为了培育担当有为的时代新人，探索思政课实践教学改革创新，成为全国高校思政教师光荣而艰巨的任务。

近年来《思想道德修养与法律基础》，实践教学课程化的改革创新方兴未艾，全国各地高校不断加强现有基础课实践性教学环节，并根据本校、本地区的特点积极开展课程建设、教学研究和教学活动。但受实践教学理念、师资水平、实践经费、实践场地、学生人数、组织能力、制度保障等诸多因素的制约和影响，思政课实践教学的成效远没达到预期。依托天津海河教育园的教育资源、实践资源和地域资源优势，天津现代职业技术学院思想政治理论改革创新团队，探索出共建共享"理实结合、知行合一"思政课实践教学创新模式。

一、"理实结合、知行合一"实践教学的理论来源

"知行合一"的教育理论，是明朝思想家王阳明针对程朱理学一味地强调知行为两件事的弊端而提出来的。王阳明认为，程朱理学过分割裂了知与行的关系，导致人们不能将道德知识付诸于道德实践。他坚持道德认识和道德行为的统一性，认为"真知即所以为行，不行不足谓之知"；"知是行的主意，行是知的功夫"，强调实践对认识的极端重要性，这一优秀的思想传统对于中华民族精神和民族性格的形成以及当前社会主义和谐社会的建设有着重要的借鉴意义。现代著名教育家陶行知先生"在生活教育理论指导下，坚持'教学做合

一'总结出了独具特色的德育原则和方法"。主张对学生进行人格教育，必须与社会和生活紧密联系，在日常生活中，在社会实践中及时进行品德教育，使其养成健康的人格。

坚持灌输性与启发性相统一的思想政治理论课教学实践，思政课实践教学也分为教与学两方面的内容，一是理论与实践密切结合的教育教学模式，二是知行统一的对教育者的学习指导模式，这两种教育教学的理念是对立统一的关系。

1. 理论与实践相结合的思政课实践教学模式

理论与实践相结合是辩证唯物主义认识论首要的基本观点。马克思主义经典作家有关实践的观点，对高职院校基础课实践教学的不断发展提供坚实的理论基础。马克思指出，生活实践的观点应该是认识论的首要的和基本的观点，社会生活在本质上是实践的。人和动物之间最大的区别就是人能够有目的地并且有计划地从事与生产劳动相关的一系列实践活动。生活是一本教科书，而实践则是一个大课堂。坚持灌输性与启发性相统一的思政课教学实践，毛泽东关于实践论的认识思想即："实践、认识，再实践、再认识。"思政课涵盖社会生活各个方面，涉及世界观、人生观、价值观、道德观和法治观的教育和培养，对于思想上不成熟的大学生来说，不太容易接受与理解，如果思政课教师只专注于理论灌输，不采取大学生可感受可体验的实践方式传授道理的话，基础课会令大学生感到索然无味，不会产生太多的获得感。用感觉知觉表象等具体的感性形式来直接地反映客观事物从而获得丰富直观的感性认识，进而在感性认识的基础上逐步深化到理性认知。不断从青年学生的认知规律入手，研究实践教学，运用体验、进浸等卓有成效的教学方法，改变传统课堂教师说与学生听的灌输方式，充分激发大学生的参与感，提高思政课的获得感，基础课的理论内容才能入脑入心，才能不断强化教学效果。

2. 知行统一的思政课实践教学指导模式

习近平在讲话中多次的强调要知行合一。习近平指出："道，不可坐论，德，不能空谈。于实处用力，从知行合一上下工夫。"习近平勉励大学生不仅要具有扎实的理论功底，而且更要有丰富的实践经验。习近平关于实践的理论思想，对高校有效的开展思政课实践教学活动，具有丰富的指导意义，"知行合一"是高校思政课立德树人的重要途径，大学生不仅要具有扎实的理论功底，而且更要有丰富的实践经验。高校思政课的实践教学，就是要为此而努力，让大学生积极追求马克思主义理论知识，又能够在社会生活中运用所学知识改造客观世界，解决客观存在的复杂问题。思政课实践教学，有责任引导高校大学生以自身具体的行动和实践来验证马克思主义的相关理论知识，以正确理论指导行动，从而做到以知处行，并且能够以行促知，深化对于理论知识的认识，培养大学生的实践能力和创新能力，真正的达到培养人，发展人的根本目标。高校思政课的实践教学，就是要为此而努力让大学生既懂得马克思主义理论知识，又能够在社会生活中运用所学知识改造客观世界，解决客观存在的复杂问题。思政课实践教学，引导高校大学生以自身具体的行动和实践来验证马克思主义的相关理论知识，以正确理论指导行动，从而做到以之处行，并且能够以行促知，深化对于理论知识的认识，培养大学生的实践能力和创新能力，真正的达到培养人、发展人的根本目标。

高职院校在进行思政课实践教学的过程中，实践课呈现的内容可以是一个个鲜活而生动的客观事实、一个娓娓道来的真实故事、亦或是一首感情充沛的哲理诗，不再是课本中晦涩难懂的概念、判断、推理等逻辑形式演绎空泛的大道理。其二，思政课的实践空间不应该也不能局限于课堂之中，而是要将课内外和校内外有机的结合，走入真实的社会生活中，可以采用实地参观、实地调研、锻炼体验式等多种真实的情境中。其三，思政课的实践方式可以多种多样，天津现代职业技术学院改革创新团队摸索出"讲、演、诵、唱"等方式，依托课本的理论线索，用问题链的递进模式，将理论与实践课堂与社会紧密联系，让学生成为实践课程的主人，颠覆了以往思政课堂一把尺子一根粉笔一块黑板的填鸭狂灌模式。年轻的学生与客观事物的直接接触而获得感性认识的一种方式，是人们在实践中获得的客观事物直接而生动地反映。思政课应尽可能多的调动学生亲自去观看、触摸、聆听、体悟事物的本身，这些直观感受隐性地让学生产生深刻的记忆，大学生对于马克思主义理论相关知识的掌握情况在参与实践的过程中会有最为直接获得。那么，再经思政课教师有针对性地加以指导，思政课的教学质量一定会得到有效的提升。

高校思政课实践教学的主要理论依据是理论指导行动，舆论的正确与否决定着行动的结果，列宁指出，没有革命的理论就不会有革命的行动。高职院校基础课通过实践的形式引导大学生在实践中检验课堂中所学理论知识的真理性。大学生也唯独只有通过自己的亲身实践，才能够检验自己认识的正确与否，获得最为真实的检验结果，在实践的过程中推动着自己的思想认识，由浅入深的转化，马克思在关于费尔巴哈的提纲一文中，对于实践做了最为精辟的解释，尖锐地指出了，哲学家们只是用不同的方式解释世界，问题在于改变世界。高校开设思政课的根本目的不仅仅在于传授知识和解释世界，而更为重要的是要引导大学生自觉地将马克思主义理论的相关知识运用于具体的实践活动中，亟解决现实的社会实际问题，以便于能够更好的对客观世界进行改造。思政课承载着高校立德树人的神圣职责，只有逐渐加强实践教学，自觉地投身于现代化建设的实践当中去，在实践的过程中丰富自己的理论知识，不断提升综合素质，成为全面发展的人。与此同时，基础课所包含的理论均来自于客观的社会实际当中，更需要通过实践的环节应用于现实的社会之中，去科学分析和解决问题，毛泽东曾经有过这样形象的比喻，你要知道梨子的滋味，你就得变革梨子亲口吃一吃。青年学生在实践过程中将自己所学的本领报效祖国和人民，做到知行合一。

为高效组织与开展思政课实践教学提供了丰富的理论指导，高校大学生要想深刻的感受与领悟马克思主义思想，就必须投身于鲜活的社会事件之中，在实践的过程中检验和深化马克思主义，同时自觉地内化为自身的行为准则，进而有效的提升教学效果。

二、"理实结合、知行合一"实践教学的意义

1. 培养大学生的理性认知

大学生正处在理性思维迅速发展，却又并未成熟的阶段，认知标准模糊，常常以感性发泄代替理性分析。特别是进入大学后，有些人对思政课有先入为主的抵触心理，究其原因，有些人认为理论枯燥，有些人认为内容陈旧。因此，如果高校思政课还只是停留在对价值理念、人生理想、社会规范的直接灌输上，就无法满足大学生对存在意义、对人生价值更深入探索的需求，也不利于提高他们的理论素养，更谈不上引导他们在纷繁复杂的社会现象中抓住本质，理性把握自己的人生方向。

例如在道德评价理论的教学中，首先通过虚拟情境让学生面临道德选择难题，体会不同选择背后的心理矛盾冲突，分析西方"唯效果论"和"唯动机

论"背后的人性假设，剖析其理论缺陷，不同立场及其背后不同的人性假设，彰显马克思主义道德观的科学性和对道德实践的指导意义。使学生对理论的认知不仅仅停留在表面的解读和简单的批判上，让科学的世界观和方法论入耳入脑，成为指导学生进行道德实践的理论工具。

2. 在学习的过程中纠正偏差

高校思政课必须坚持对大学生进行正面的引导和教育，但这并不意味着要回避学生的困惑和质疑。面对复杂的社会现实，青年学生涉世未深，观点不成熟、有偏差完全正常。教师单向的理论灌输，回避大学生的认知盲区和误区，会使思政课教学成为独角戏。"接纳"并不等于"接受"，而是允许学生不同观点的存在，同时也提供学生表达自己观点的渠道。这需要思政课教师树立起"以学生为主体"的教育理念，当学生出现认知上的偏差时，能更多地关注其认知偏差的根源，鼓励学生更多地表达和诉说，而不是直接给他贴上正确或错误、好学生或坏学生的标签，从而切断表达的意愿和机会。

在思政课教学中，更需要教师去了解学生的认知偏差是如何产生的，才能够去进行有针对性的干预，帮助学生打开思维的僵局。因此，在理论教学中以人文关怀之情怀给予学生的接纳，以心理疏导之技巧给予学生的引导，才能真正做到用好课堂教学这个主渠道，思政课要坚持在改进中加强，满足学生成长发展需求和期待。

3. 在学习过程中提升认知水平

当代大学生被称为"互联网的原住民"，大量的互联网信息和便捷的获取方式让他们成为无所不知的"人"，但如果认知只是停留在"知道"的层面，就可能迷失在大量的信息中无所适从，各种彼此矛盾冲突的认知信息在争夺行为指导权的过程中无能为力，认知与行为的割裂不可避免，此时认知不仅无法引导行为，甚至成为行为的阻碍。许多大学生在一些社会热点事件中经常受到一些网络言论的误导，人云亦云，没有自己的立场和观点。其根本原因仍在于缺乏科学的处理信息的能力。而这种能力的缺失与当下大学生碎片化、快餐式的阅读习惯密切相关。他们往往选择篇幅短小、语言活泼、文字优美、情绪饱满的阅读文本，获得了短暂的阅读快感，却失去了系统的、逻辑严密的思维能力训练。而"知道"只有在科学的思维能力处理后才能升华为智慧的"领悟"，才能拥有能够引导行为实践的"真知"。

党的十八大以来，习近平总书记数次强调党员干部要学习马克思主义的经典著作，这同样也适用于高校思政课的理论知识学习。通过经典阅读，让他们了解思政理论提出的现实背景、历史意义、演变发展等问题。经典著作中蕴含的基本立场观点和方法有助于提高大学生哲学思维能力、帮助青年学生观察和解释人类社会的各种现象，揭示其本质和规律。当然，经典文本的选择必须根据教学内容和学生的接受能力。例如，《思想道德修养与法律基础》中《共产党宣言》、《关于费尔巴哈的提纲》、《1844年经济学哲学手稿》等篇章既契合教学中"理想信念教育""人的本质探索"等内容要求，又较为通俗易懂，便于学生理解。经典阅读需要教师提供相关的背景资料、设置相关问题来引导学生阅读思考的方向，组织学生形成阅读小组，克服阅读的障碍。同时对读书报告进行点评总结，切实提高学生阅读理论经典的能力，改变对马克思主义理论的教条化理解，提高自身理论素养，提升认知水平。

三、"理实结合、知行合一"使学生"知"并引导学生去"行"

通过系统的理论教学可以帮助学生建立起比较完善的德育知识结构，使其形成正确的道德认知和道德情感，明确个人应该达到的道德要求，从而能指导自身的道德行为，做到知行合一。

1. 教师要吃透教材

首先，在课堂教学中，教师在教材体系向教学体系的转化上下足了功夫，在对教材进行全面、系统和深刻解读的基础上，围绕重点对教材作出合理、适度的加工与改造，

使较为松散的内容成为体系。吃透学生，就是教学内容和方法要与学生的思想实际相结合，与学生的认知特点相结合，与学生的专业培养相结合。关注学生面临的现实问题，给予及时引导，有力地提升了教学的针对性和实效性。

2. 有感染力的营造课堂氛围

课程是否精彩有效，是否能讲到学生心里去，师生间产生情感共鸣，不仅要看教师讲什么，更重要的是取决于教师怎样讲。教师面带微笑、精神饱满地站在讲台上，学生就能心情愉悦，思维敏捷地参与到课堂上来。教师讲课字字铿锵，句句有力，声调抑扬顿挫，就容易把学生带入到教师预设的某种情境之中，学生就会身临其境般得到道德情感的体验和升华。

3. 让学生更新观念

因为良好的思想道德行为养成要遵循道德认知→道德情感→道德意志→道德行为的规律。只有学生在心灵上有触动，思想上才会有感悟，行动上才有体现。课堂上增加教师和学生之间、学生与学生之间的对话环节，教师和学生针对各自不同的道德规范平等对话，培养学生的批判、反思、创新的道德意识和能力，加深对道德的理解，根据自己所处的具体情境进行理性地反思判断，培养健康的德育情感和道德判断能力，从而做出符合实际情况的道德选择，使个人的道德境界和道德水平得到提升。

四、在实践教学的过程中促进"知行转化"

心理学理论认为，态度包含认知、情感、意志三个成分，当知情意相互协调时，会产生积极、肯定的行为倾向。而当三个因素不一致时，会出现知行分离现象。所以，在知行转化的过程中，必须提高个体对认知的情感认同，增强对正确行为选择的意向，单纯的理论讲授很难在情感和意志培养环节发挥作用，人只有在实践参与的过程中才能获得感性体验、体会行为力度，同时在实践中对行为选择进行检视反思，调整认知状态。

1. 课堂实践教学

心理学研究表明，当认知、情感、意志三者发生矛盾时，情感和行为倾向的相关程度高于认知和情感，或是认知与行为倾向的相关程度。研究发现行为之所以和我们表达出的态度不同是因为二者都受到其他因素的影响，这些影响包括我们面对的情境自我意识的唤起程度等。

因此，课堂实践教学中我们应在情绪感染、情境营造、自我唤醒等环节精心设计。在案例讲解、影视鉴赏等以教师为主导的教学环节中，教师应选择或创设与思政课教学内容相关，具有一定的历史和文化背景或现实背景的情境，以饱满的情绪感染力，让学生获得感受、产生体悟，增强学生的认同。在情景剧表演、诗歌朗诵、分组讨论等以学生为主导的环节中，则需要教师以良好的情绪感受力去共情学生，鼓励学生表达情感、诉说需求，唤起学生的个体意识，帮助他们构建较高的自我概念，明确自己在行为选择中的责任与担当，强化其行为意向。

增强学生的心理认同需要创新的教学方式，以情感人，让学生在个人理想信念的分享、家国情怀的表达、人生价值的探索，或是在是在热点新闻的评论、社会现象的思考中都能够感同身受，增强对社会主义核心价值观的心理认同，产生肯定、赞同的追求倾向。

2. 社会实践教学

意志影响的是人们行为选择和道德行为，志不坚则行不成，一个意志力薄弱的人势必会使知行转化大打折扣，要么知而不行，要么行非所知。对于还未步入社会的大学生而言，其意志并未受到现实生活的锤炼，导致有些人走上社会后突然发生知行脱节，甚至产生严重的适应不良。由于大学生长期生活在平静单纯的学校环境中，容易养成理想化、脆弱化、主观化的心理。真善美、假丑恶并存的真实生活对其意志品质的坚定与否是严峻的考验。

教师必须发挥主导作用，要及时跟踪和了解学生在实践中面临的困难挑战，帮助学生学会应对、化解挫折与危机，促使他们的心理走向成熟。要历练宠辱不惊的心理素质，坚定百折不挠的进取意志，保持乐观向上的精神状态，变挫折为动力，用从挫折中吸取的教训启迪人生，使人生获得升华和超越。"

社会实践活动为大学生提供许多遭遇挫折的机会，在屡遭拒绝的兼职经历中学会抗压与坚持，在辛苦劳作中吃苦耐劳、在调查研究中形成独立思考能力和积极进取精神，培养与社会主义核心价值观要求相一致的道德观念、意志品质、行为模式和生产生活技能，从而为将来走入社会并最终实现自我价值和人生价值奠定坚实的基础。

五、在考核评价中推崇"理实结合，知行统一"

1. 理论考察与品行评价相结合

以往的思政课考核，一般以期末理论知识为主的纸笔测试为主，只要考前突击，死记硬背，就可能会得到卷面高分，而平时成绩的评定依据也主要是作业成绩。这种偏重考察学生知识记忆能力的考核方式无法真正体现学生的价值理念和对知识的掌握。

近年来各门思政课也在探索更为科学的考核方式，许多课程都采用了开卷考试的方式，突出理论知识的理解和运用能力的考察，但是仍然没有把学生的日常行为践履作为一个重要的考核内容。为了更好地对每一个学生的学习过程中的品行表现进行考核，可以把每个任教班级分成若干个合作学习小组，课堂实践和社会实践作业由小组成员共同完成，每次作业汇报须体现成员之间的分工与协作，教师在评价成绩时不仅考核作业完成结果，还对在作业完成过程中每位成员的付出和努力进行评价。实践证明，这种评价方式不仅让学生不仅重视理论知识的掌握，同时也注重理论学习和运用的过程，同时也能较好地体现思政课的实践性特征。

2. 教师评价与学生评价相结合

品行评价是考核的重要内容，而每个任课教师面对众多学生，和学生接触的时间与空间有限，对学生的了解可能局限于课堂教学和课外辅导过程中，而对他们日常的行为表现知之甚少。因此如果要实现对学生的全面考核，可以把学生所在学院的班主任或辅导员、学生自身、同学之间都纳入考评主体。

3. 静态考核与动态评价相结合

考核内容和考核主体的拓展决定了考核不能固定在课堂里，所以要发挥不同考核主体在相关场域的作用，因地制宜地实施动态化考评。同时，学生良好品行的持续性和稳定性是其思想政治素质的重要体现，所以考核时间不应随着课程的结束而结束，虽然学生对思政课的学习已经完成，但对其品行的评价还应延续，作为学生入党评优、就职推荐的重要依据，强化学生长期践行思想道德素质和法律素养，实现内化于心，外化于行的思政教育目标。考核时空上的延伸是高校大思政教育的必然要求，也将引导思政课教学在促进学生"知行合一"上的全面回归。

六、海河教育园区思想政治教育基地在"理实结合、知行合一"实践育人上的创新

天津海河园区思想政治教育基地的立足于高职院校"两课"教育教学和学生特点，把思想政治教育理论教学与实践教学相结合，创新思想政治教育教学方式。在育人功能上，该基地通过互动体验、文化宣讲、网络虚拟场馆配套建设等方式突出实践育人、文化育人、网络育人的主要功能。把学懂、弄通红色历史、习近平新时代中国特色社会主义思想、社会主义核心价值观、法治精神、工匠精神作为育人的最终目标。利用全方位、多角度、立体化的展示，弥补课堂理论教育过程中的短板，加强理想信念教育，使学生树立正确的世界观、人生观和价值观；在互动功能上，该基地通过多媒体展示、VR互动体验，

多媒体放映厅，宣誓台、朗读亭等辅助设施，使学生摆脱只听不动的局面，使其参与到课堂互动之中，体会学习的乐趣，把思政教育形象化、现代化，强化学习动机，增强思政教育入脑、入心的效果；在共享功能上，该基地建设通过创建共享开放机制，海河教育园区思政教育教学优质生态圈。在学习过程中形成更加深刻的认识和情感体验，进而评价衡量自己的思想道德和行为是否符合新时代的要求，帮助他们确立正确的学习动机，提高分清是非的能力。

1. 是共用实践教学基地

作为全国为数不多的教育园区内的思政实践基地，内容涵盖高职院校思政课程《毛泽东思想和中国特色社会主义理论体系概论》《思想道德修养与法律基础》以及本科《中国革命史》、《马克思主义哲学基本原理》的重点内容。满足了园区内数十所高校的思政实践要求。不仅节约了经费、保障了安全，更重要的是充分实现了资源共享、优势互补。

2. 共享实践教学资源和成果

按照市教委要求，进一步规范思政课教师的教学内容，加强意识形态管控引导，天津现代职业技术学院邀请园区各校思政教师多次参加集体备课活动，并积极邀请专家进行讲座，提升思政课教师的理论教学与实践教学的水平，2019年，启动了园区联盟"思政课文化节"活动。完成了4次十所院校集体备课会，先后邀请了北京大学张会峰教授、天津师范大学李朝阳教授、南开大学纪亚光教授等作报告，以及南开大学和天津现代职业技术学院有探索创新的实践教学示范课，对提升园区思政教师实践教学水平有很大的示范作用。园区思政课资源共建共享和协作创新，即承接园区思政课联盟牵头单位的各项服务工作。

3. 共享实践教学师资。

凭借园区思政实践基地的实践教学资源优势，各高校实践教学的指导教师和组织管理者可以对口接待、师资共享，协助开展现场教学。比如，天津现代职业技术学院参观南开大学校史馆时，南开大学大学就安排本校教师协助讲解，开展现场教学。其中，天津现代职业技术学院专门成立了思政实践教学教研室，有专职的实践教师负责实践教学。有效的缓解大班教学的组织涣散问题，做到了大班教学分组合作的创新模式，提升了同学们的参与度和获得感。

4. 互通实践教学信息，共享实践教学经验

园区思想政治理论课实践教学研究会互通实践教学信息开展教师教学比武和学生们的说课比赛以及情景剧大赛，品牌活动"思政课情景剧"，扩大京津冀的辐射和宣传作用，提升园区思政课联盟的品牌效应，在师生的教与学的实践互动中达到教学相长。还可通过校际交流实现经验共享、优势互补，推动实践教学。如校级联合的课题申报与研究，资源优势加强校际合作，建立实践教学资源共建共享机制，有利于提高该课程的教学效果，使该门课程成为学生真心喜欢、终身受益的课程。

高校思政课的所有课程都要加强实践环节，建立和完善实践教学保障机制，探索实践育人的长效机制。"高校开展思想政治理论课实践教学具有重要的意义：首先，有利于引导大学生理论联系实际，加强和深化对党的理论成果的领悟和理解， 坚定对马克思主义的信仰、对社会主义的信念，增强对改革开放和现代化建设的信心、对党和政府的信任，树立和践行社会主义核心价值观，坚定中国特色社会主义道路自信、理论自信、制度自信、文化自信。其次，有利于帮助大学生认识国情、了解社会，使大学生在社会实践活动中受教育、长才干，提高思想政治素质。最后，有利于引导大学生积极参加各种公益活动和志愿服务活动，帮助大学生锻炼毅力、培养品格，增强社会责任感。

主要参考文献

[1]马克思，思格斯. 马克思恩格斯选集（1-4卷）[M]. 北京：人民出版社，1995.

[2]毛泽东. 毛泽东选集（第一卷）[M]. 北京：人民出版社，1991.

[3]教育部社会科学司. 普通高校思想政治理论课文献选编（1949-2006）[M]. 北京：中国人民大学出版社，2007.

[4][德]费尔巴哈. 费尔巴哈哲学著作选集（上）[M]. 北京：人民出版社，1984.

[5]赵海英. 主体性：与历史同行[M]. 北京：首都师范大学出版社，2008.

[6]袁本新，王丽荣. 人本德育论[M]. 北京：人民出版社，2007.

[7]张伟胜，实践理性论[M]. 杭州：浙江大学出版社，2005.

[8]张金秋. 当代大学生思想政治教育模式构建与实践探索[M]. 北京：新华出版社，2017.

[9]雷永强，孙培鑫. 与时代同行大学生思想政治教育新论[M]. 北京：中国水利水电出版社，2016.

[10]董伟武. 大学生思想政治教育教学探索[M]. 北京：光明日报出版社，2015.

[11]戴丽红. 当代大学生思想政治教育创新探索[M]. 成都：电子科技大学出版社，2016.

[12]满达，张永红. 大学生思想政治教育理论[M]. 沈阳：白山出版社，2015.

[13]史庆伟. 大学生思想政治教育管理与实践研究[M]. 天津：天津教育出版社，2015.

[14]镇方松. 新媒体视域下大学生思想政治教育研究[M]. 北京：北京理工大学出版社，2018.

[15]于淑秀，蔡文姝. 传承与发展大学生的思想政治教育新论[M]. 北京：中

国纺织出版社，2017.

[16]龙妮娜，黄日干. 新媒体与大学生思想政治教育研究[M]. 北京：光明日报出版社，2016.

[17]中共中央宣传部. 习近平新时代中国特色社会主义思想三十讲[M]. 北京：学习出版社，2018.

[18]习近平. 决胜全面建成小康社会，夺取新时代中国特色社会主义伟大胜利——在中国共产党第十九次全国代表大会上的报告（2017年10月18日）[M]. 北京：人民出版社，2017.

[19]张馨，岳丽媛. 论新时代青年历史使命的来源、承接与担当[J]. 北京青年研究，2018（3）：5-11.

[20]李东格. 论大学生道德认知能力的发展[J]. 现代交际，2017（19）：108.